国家社科基金项目（编号 13BGL010）

欠发达地区城镇化质量
测度与提升研究

佘达锦　著

中国财经出版传媒集团

经济科学出版社
Economic Science Press

图书在版编目（CIP）数据

欠发达地区城镇化质量测度与提升研究／余达锦著．
—北京：经济科学出版社，2017.11
ISBN 978 - 7 - 5141 - 8566 - 9

Ⅰ.①欠… Ⅱ.①余… Ⅲ.①不发达地区 - 城市化 -
研究 - 中国 Ⅳ.①F299.21

中国版本图书馆 CIP 数据核字（2017）第 259961 号

责任编辑：白留杰 刘殿和
责任校对：徐领柱
责任印制：李 鹏

欠发达地区城镇化质量测度与提升研究

余达锦 著
经济科学出版社出版、发行 新华书店经销
社址：北京市海淀区阜成路甲 28 号 邮编：100142
教材分社电话：010 - 88191355 发行部电话：010 - 88191522
网址：www. esp. com. cn
电子邮件：esp@ esp. com. cn
天猫网店：经济科学出版社旗舰店
网址：http: //jjkxcbs. tmall. com
北京财经印刷厂印装
710×1000 16 开 14 印张 200000 字
2017 年 11 月第 1 版 2017 年 11 月第 1 次印刷
ISBN 978 - 7 - 5141 - 8566 - 9 定价：48.00 元
（图书出现印装问题，本社负责调换。电话：010 - 88191510）
（版权所有 侵权必究 举报电话：010 - 88191586
电子邮箱：dbts@ esp. com. cn）

前　言

　　城镇化战略是我国曾经、当前乃至今后相当长的时期内的重大战略之一。未来一段时期内，我国城镇化仍将会快速发展，特别是欠发达地区。在城镇化快速推进的同时，如何解决我国城镇化进程中暴露出来的问题，确保城镇化质量，这就要加强顶层设计，进行管理创新，不断实践总结，走出一条适合城镇自身的新型城镇化道路。

　　纵观我国的经济发展和城镇化建设历程，可以清楚地看到在整体实力不断增强的同时，区域城镇化质量发展的不平衡性也日益凸显，欠发达地区城镇化建设面临着前所未有的发展机遇与挑战。城镇化发展中出现了速度有余而质量不高的问题，主要表现在城镇化建设的粗放式发展、产城融合度不高、缺乏产业支撑或产业发展不合理、环境污染加剧和城镇管理落后等方面。这与我国全面建设小康社会与和谐社会极不相适应，城镇化质量亟待进一步提升。因此，从理论和实证上研究探索欠发达地区城镇化质量提升，既是欠发达地区城镇化建设和区域可持续发展的有益探索，也是时代赋予全面建设小康社会与和谐社会的历史重任。

　　本书首先在分析研究生态城镇化的特征与科学内涵的基础上，对欠发达地区概念、欠发达地区城镇化质量内涵和进程进行界定。通过对部分欠发达地区城镇化发展现状作基于系统动力学基模理论的分析和研究，发现影响欠发达地区城镇化质量的因素，指出在当今绿色发展、低碳发展和可持续发展的背景下，生态城镇化是欠发达地区城镇化的路径选择。在分析区域要素与欠发达地区城镇化发展关系的基础上，构建城镇化质量三维（发展度、协调度和持续度）模型，构建基于 PCA（主成分分析）–UDIT（城镇信息距离理论）的区域城镇化质量测度模型，并以典型欠发达地区——江西和广西城镇化发展为例，对其质量进行测度分析和对比研究。在此基础上，分析以英、德、美、日等国为代表的主要发达国家和国内部分典型区域城镇化发展进程与区域协调发展实践，总结其经验和不足，研究欠发达地区城镇化质量提升机制，构建相关耦合协调度模型，结合计量经济学、统计学、博弈论和系统动力学的基模分析理论，分析研究欠发达地区城镇化质量提升背景下的创新管理，提出欠发达地区城镇化质量提升战略和江西城镇化质量提升策略。

本书的研究工作都是在作者主持并结题的国家社会科学基金年度项目《欠发达地区城镇化质量测度与提升研究（项目编号：13BGL010）》、江西省教育厅科技项目《区域生态城镇化发展距离测度研究—以江西省为例（项目编号：GJJ13299）》和江西省社会科学项目《鄱阳湖生态经济区低碳发展模式与政府管理创新研究（项目编号：11GL16）》等项目的支持下完成的，感谢相关课题组成员的热心帮助与支持。

本书研究期间，得到了本人读博士时的导师、原江西省副省长、原江西省人大常委会副主任、南昌大学兼职教授胡振鹏的鼎力支持和无私指导，在此表示感谢。南昌大学 2013 级管理科学与工程专业博士生黄晓杏（现工作于江西理工大学经济管理学院）、我的 2012 级硕士研究生姚远也为本书的出版做了相关工作。同时特别感谢江西财经大学原校长史忠良教授、南昌大学中国中部经济发展研究中心常务副主任傅春教授、江西财经大学江西经济发展研究院吴志军教授和朱丽萌研究员等对本书的关心，使其得以顺利出版。本书中引用了国内外众多专家学者的成果，在此一并向他们深致谢忱。

由于本人的见识和水平有限，书中难免会有疏漏和错误，恳请广大读者批评指正。

余达锦

2017 年 8 月

目　　录

第1章 绪　论

城镇化是深刻影响世界经济社会发展的重大社会现象，也是现代文明进程的重要标志之一。自改革开放以来，随着市场经济体制的确立并逐步完善，我国的经济发展高歌猛进，经济实力进一步增强，城镇化水平有了显著的提高，从 1978 年的 17.92% 上升到了 2015 年的 56.1%。快速城镇化不仅大大加快了我国的现代化进程，区域经济发展条件得以改善，经济发展动力得以增强，经济增长呈现出良好势头，而且统筹了区域协调发展，构建了良性互动的发展新格局。

城镇化战略是我国实施"十一五"规划的重大战略之一。"十二五"规划中也提出要"积极稳妥推进城镇化，促进区域协调健康发展"。党的十八大报告中指出，城镇化是扩大内需的最大潜力，是我国经济增长的巨大引擎。习近平总书记多次强调，"城镇化是现代化的必由之路，推进城镇化是解决农业、农村、农民（三农）问题的重要途径，是推进区域协调发展的有力支撑，是扩大内需和促进产业升级的重要抓手，要积极稳妥推动新型城镇化，统筹城乡发展。""要积极稳妥推进城镇化，推动城镇化向质量提升转变，做到工业化和城镇化良性互动、城镇化和农业现代化相互协调。""要扎实推进生态文明建设，努力建设美丽中国。"①

近年来我国城镇化快速推进，但从总体上来看，在我国城镇化率大幅

---

① "十一五"规划、"十二五"规划和党的十八大报告。

提升的同时，城镇中各种问题频发，城镇化质量不容乐观。一些地区城镇缺乏相关产业支撑，城镇结构与区域布局不够合理，城镇管理水平不高，公共服务供给不足，城镇出现交通拥堵、环境恶化等"城镇病""土地城镇化"快于"人的城镇化"，劳动就业不充分等，城镇化质量不高的问题日益突出。特别是欠发达地区城镇化水平明显滞后，面临"生存"压力与"健康"危机的双重胁迫，资源短缺、环境污染、生态破坏等不少问题亟待解决。在生态文明、绿色文明发展背景下研究欠发达地区城镇化质量测度与提升显得尤为重要。

1.1 城镇化相关研究现状

城镇化是当今世界上最重要的经济、社会现象之一，涉及经济学、管理学、社会学、地理学、生态学、信息学、人口学和系统科学等。从现有文献来看，由于所处区域、研究背景和角度的不同，现有研究成果对城镇化概念的理解和特点的把握分析也是呈现多样化。

1.1.1 国外研究

国外关于城镇化的研究起步比较早。城镇化的概念，最早出现在西班牙工程师 A. Serda 于 1867 年出版的著作《城镇化基本原理》（*The Basic Principle of Urbanization*）中，作者对"城镇化"和"乡村化"的概念进行了区分。Colin Clark（1940）则认为，城镇化是参与农业、工业和服务业的人口发生改变的过程，主要表现为参与农业人口的比重不断下降和参与工业、服务业人口的比重不断上升。[1] Simon Kuznets（1966）认为，城镇化的进程主要体现在城镇人口和乡村人口分布方式发生变化。[2] J. R. Friedman（1966）指出，城镇化不仅是人口从农村向城镇迁移的过程，也是农村的生活方式、消费理念被城镇同化的过程。[3]Werner Hirsch（1990）给城镇化下了个定义，他认为城镇化就是从以人口稀少且均匀分布、劳动强度小为特征的农村经济，向以人口众多且聚集分布、劳动强度大为特征的城镇经济转变的过程。[4]

城镇化相关研究比较多。W. Christaller（1933）在《德国南部中心地》（*Central Places in Southern Germany*）一书提出了著名的中心地理论，该书被公认为是城镇化和城镇体系研究的代表著作。[5-7]Jean Gottman（1957）提出了都市圈的概念。[8]1960 年美国地理学家邓肯（O. D. Duncan）及其同事在《大都市和区域》（*Metropolis and Region*）一书中首次提出"城镇体系"这一概念，并阐明了城镇化研究的实际意义。[9]Cohen（1981）、Friedmann 和 Goetz（1982）、Meyer（2000）研究了城镇化中都市圈经济联系等级规模结构。[10-12]Gustavo（1999）、Edward（1999）、Jorg 等（2003）也分别对城镇化中都市圈空间结构演化、空间流及城市内外部相互作用模型进行了研究。[13-15]N. Ahmad 等（2006）以 35 个发展中国家数据进行了横截面和时间序列分析研究了经济增长与城镇化的关系。[16]J. Eric（2007）研究了中国城镇化的三个问题：起作用的因素、效益和政府干预。[17]

国外学者对城镇化质量的研究，大部分集中在保护居民生存环境、提高居民的生活质量、促使城市可持续发展等方面。Daly 和 Cobb（1989）提出了可持续发展的理论框架，认为判断一个地区的可持续发展能力主要有 4 个标准：对环境造成的影响是否小于环境的承载能力；对不可再生资源的利用速度是否小于寻找可替代再生资源的速度；对可再生资源的利用速度是否小于其再生的速度；生产生活过程中产生的废物是否小于自然界的吸收能力。[18]Liyin Shen 等（2012）在分析城镇化与城市可持续发展能力的基础上，提出了一个评价城镇化可持续发展的替代模型。[19]Ebenezer Howard（1898）通过对之前城镇化理论的研究，在《明日：一条通向真正改革的和平道路》① (*To-morrow*: *A peaceful Path to Real Reform*) 一书中提出了田园城市的理念，即把城镇（工作、交际）和乡村（自然、清幽）的特点进行融合。[20] Richard Register (1987) 提出，生态城市应该是充满活力的、节能的、生态健康的城市，在其中人与自然可以和谐发展。[21] O. Yanitsky (1987) 则认为，生态城市是一个理想的城市发展模式，在此模式中人们可以最大程度地发挥自身的生产力和创造力，最大限度地利用能源、资源和信息等，最大程度地保护居民生活环境，使人与自然可以充分融合，最终实现生态系统的良性循环。[22] G. Gurin 等 (1960) 对美国民众从工作生活中获得的幸福感进行研究，以此测度城镇化质量。[23]

1.1.2 国内研究

由于研究环境和学科背景的不同，国内学者对城镇化及其质量的认识不尽相同。

城镇化内涵机制模式研究方面。20 世纪 70 年代随着我国经济的快速发展，国内学者也开始了城镇化研究，且迅猛发展，90 年代城镇化研究进入了全面发展阶段。吴友仁 (1979) 是国内引入"城镇化"概念的第一人，他通过分析相关数据，对我国的城镇化发展水平进行了简单预测。[24] 杨吾扬 (1987)、高珮义 (1990)、陈田 (1992)、顾朝林 (1992)、周一星 (1995)、陈亚军和刘晓萍 (1996)、许学强 (1997)、汤茂林 (1999)、姚士谋 (1999)、叶裕民 (2001)、陆大道等 (2001, 2007)、胡顺延等 (2002)、叶连松 (2003)、牛文元等 (1999~2005)、连玉明等 (2005) 结合我国城镇化和区域发展实际进行了大量相关研究，为我国城镇化发展献计献策。[25-40] 戴宾 (2006) 认为，城镇化的内

---

① 埃比尼泽·霍华德 (Ebenezer Howard, 1850~1928) 的《明日的田园城市》(*Garden Cities of To-morrow*) 是一本具有世界影响的书。它曾被翻译成多种文字，流传全世界。1898 年 10 月该书以《明日：一条通向真正改革的和平道路》(*To-morrow*: *A Peaceful Path to Real Reform*) 的书名首次出版。1902 年发行了第二版，书名改为《明日的田园城市》。

涵应至少包含人口居住方式、劳动者的就业方式、居民的生活方式、城乡关系等几个方面。[41]叶耀先（2006）对新中国城镇化发展进行了回顾与分析。[42]刘承良等（2007）运用经济隶属度模型界定了武汉都市圈空间范围，并研究了其城镇体系规模结构和空间分布的分形。[43]王青和陈国阶（2007）对成都市城镇体系空间结构进行了分析研究。[44]马保平和张贡生（2008）、许学强等（2010）、简新华和黄锟（2010）、余达锦（2011）认为随着一个地区经济不断壮大，社会生产力不断发展，以及产业结构不断调整，城镇化进程主要表现为人口从农村迁移到城镇，从农业向工业、服务业转移，最终使得城镇的人口数量不断增加、规模不断扩大。[45-48]仇保兴（2009）对中国城镇化战略主要问题与对策进行了研究，分析如何应对机遇与挑战。[49]王红霞（2009）以上海为例研究了多中心化空间演变进程中的城镇体系建设。[50]欧向军（2009）在研究江苏省城市化发展格局与过程时指出大中小城市已成为城市化人口的主要集聚地。[51]朱孔来等（2011）以我国1978~2009年城镇化率和人均GDP年度时间序列数据为基础对中国城镇化进程与经济增长关系进行了实证研究。[52]姚士谋和陆大道等（2011）指出，中国城镇化需要综合性的科学思维，不断探索适应中国国情的城镇化方式。[53]徐大伟等（2012）基于协同学和机制设计理论对"三化"同步发展的内在机制与互动关系进行了研究。[54]王芳和周兴（2012）基于跨国面板数据对人口结构、城镇化与碳排放进行了研究。[55]李强等（2012）研究了中国城镇化"推进模式"。[56]景木南（2013）对当时我国城镇化发展过程中存在的问题进行了简单概述。[57]张佳丽（2013）通过对国外不同城市城镇化进程的研究认为，要想促进城镇化健康、持续发展，必须结合当地的资源优势，因地制宜地制定城镇化的发展策略。[58]

城镇化质量研究方面。许多学者从不同角度研究了城镇化质量内涵。刘素冬（2006）认为，城镇化质量指的就是在城镇化发展进程中，充分利用城镇相关资源的基础，逐步增强城镇实力，稳步提升城镇居民的生活水平，并加大城镇基础设施的建设力度，改善城镇生产生活环境，最终实现城乡一体化的目标。[59]孔凡文和许世卫（2006）认为，城镇化质量的内涵应当包括经济发展、社会进步、生产生活方式的转变、居民生活环境的改善、基础设施建设的完善、城镇管理水平的提高六个方面。[60]朱洪祥（2007）认为，城镇化质量的内涵应包括"动力因子""公平因子""质量因子"和"制约因子"等。[61]袁晓玲等（2008）认为，可以从物质文明、精神文明、生态文明三个层面对城镇化的质量进行测度。[62]刘国新（2009）选取土地制度、户籍制度、就业制度和社会保障制度为研究重点，对城镇化及其质量问题进行了研究。[63]陈栋生（2010）研究认为，提高城镇化的水平与质量，必须将科学发展、和谐发展和可持续发展贯穿于城市管理的各个环节。[64]李明秋和郎学彬（2010）的观点较为典型，认为城镇化质量的内涵应包括三个方面：首先是城镇自身的发展质量；其次是城镇化推进的效率；最后是实现城乡一体化的程度。[65]

随着城镇化发展的不断深入，城镇化质量测度和比较的研究近年来也随之增多，主要集中在建立区域城镇化质量评价指标体系，并用不同的方法如主成分分析法、因子分析法、熵值法和专家赋权法等进行相关实证分析。

省域研究方面。郑亚平（2006）通过计算城镇体系对生产要素的引力系数、城镇的网络总张力及张力强度、城镇发展差异指数，测度了省域城镇化质量水平，并根据测算结果，分析了造成省域城镇化发展差距的原因，结合实际提出相关建议。[66]毛爱华等（2012）通过建立相关指数计量模型，对山东省城镇化质量水平进行了测度，利用所得结果分析城镇化质量的优势与不足，提出提升山东省城镇化质量的实施路径。[67]张春梅等（2012）从经济发展、居民生活、城乡统筹、可持续发展等四个方面选取相关指标，构建评价指标体系，并结合熵值法，测度了江苏省各区域的城镇化质量。[68]刘静玉等（2013）通过选取相关指标，对河南省的城镇化质量进行测度，发现阻碍城镇化发展的主要矛盾，并在此基础上分析提出城镇化质量的提升建议。[69]宋宇宁和韩增林（2013）选取辽宁省14个地级市作为样本，采用熵值法和象限图识别方法，分析了城镇化质量和城镇化规模两者之间的关系。[70]

部分区域研究方面。杨梅（2012）通过测度长江经济带各城市的城镇化质量，并提出相应策略，以此实现城镇化规模和城镇化质量的协调发展。[71]李静（2012）综合多种理论方法，运用 GIS 空间分析技术，同时结合经济学和社会学相关调查方法，设计了垦区城镇化质量评价方法。通过构建城镇化和基础设施评价指标体系，测度了三江平原垦区的基础设施完善程度和城镇化发展现状，最后从基础设施建设的角度，提出了提升城镇化质量的建议。[72]郝华勇（2012）用经济绩效、社会发展、生态环境、居民生活、空间集约、统筹城乡七个指标构建了区域城镇化质量评价体系，并以武汉城市圈进行了实证分析。[73]闫能能（2012）运用因子分析法对中部地区六省的城镇化质量进行分析比较，发现影响城镇化的因子顺序为基建因子、生产生活运用技术手段因子、居住条件因子和人才因子。[74]黄磊等（2014）依据新型城镇化理论，从经济、民生、环境、社会等方面选取相关指标，采用熵值法，测度了中原经济区城镇化质量水平，并根据结果提出适合当地区域的发展策略，以期缩小中原经济区城市间的城镇化差距。[75]邵俊和周均清（2014）以武汉城市圈为例，构建了城镇化质量评价体系，通过测度经济产业发展质量（经济发展、产业结构水平、经济活跃度）、城乡公平发展质量（城镇规模、基础设施、社会和谐）和城市公共服务质量（社会福利、城乡收入差距、居民生活环境）等，发现武汉城市圈的城镇化质量不高、城乡差距明显。[76]

全国区域研究方面。韩增林和刘天宝（2009）多方面选取指标，并利用主成分分析法，测度了各省的城镇化质量。[77]王家庭和唐袁（2009）首先选取相应指标，构建城镇化质量评价体系，然后采用熵值法求出各指标的权重，最后选取各省省会作为样本，对其城镇化质量进行分析评价。[78]于涛等（2010）通过参考相关文献，从多方面选取指标，测度了各地级市的城镇化质量，并根据结果提出了城镇化质量的提升策略。[79]胡映洁（2011）指出过度城镇化是一种城镇化质量的发展滞后于人口城镇化发展的城镇化发展模式，并对城镇化质量进行了多指标的综合分析与评价。[80]方创琳和王德利（2011）提出城镇化质量综合测度三维指标球，并通过设定判别标准值，分析了城镇化质量与城镇化发展水平之间的协调关系，根据所求的协调系数，对城镇化发展质量和空间分异特征进行了评价。[81]陈明等（2013）通过对城镇化质量的相关文献分析，结合当地发展实际，研究构建了城镇化质量评价指标体系，并测度分析了相关省份的城镇化质量。[82]魏后凯等（2013）以 2010 年的数据为样本，从城镇发展质量、城乡协调度、城镇化效率三个方面，建立了包含 34 个指标的三维指标球，评价了国内 286 个地级市的城镇化质量。[83]何平和倪苹（2013）通过对城镇化质量相关文献的研究分析，构建了城镇化质量评价体系，并测度了全国 31 个省市的城镇化质量水平。[84]张绍红等（2014）通过探讨发达国家城镇化的发展进程，找出阻碍城镇化发展的主要矛盾，并结合中国的实际情况，提出提升我国城镇化质量的建议。[85]

从以上分析可以发现，国内外关于城镇化的研究大多集中在经济发达地区和城镇体系的特点、发展模式与机制、空间结构和发展战略等方面。有关城镇化质量研究也集中在评价指标的建立和应用方面。采用的评价方法主要有主成分分析法和熵值法，评价指标大都比较笼统。有关欠发达地区城镇化建设及其质量研究的文献不多，城镇化质量测度与提升的文献更是乏见。但纵观我国的经济发展和城镇化建设历程，可以清楚地看到在整体实力不断增强的同时，区域经济和城镇化发展的不平衡性也日益凸显，欠发达地区城镇化建设面临着前所未有的发展机遇与挑战。城镇化发展中出现的问题主要表现在城镇化建设的粗放式发展、产城融合度不高、缺乏产业支撑或产业发展不合理、环境污染加剧和城镇管理落后等。这与我国全面建设小康社会与和谐社会极不相适应，城镇化质量亟待进一步提升。因此，从理论和实证上研究探索欠发达地区城镇化质量测度与提升既是欠发达地区城镇化建设和区域可持续发展的有益探索，也是时代赋予全面建设小康社会与和谐社会的历史重任。新形势下欠发达地区城镇化质量研究应当成为当前一个重大课题。

1.2　研究意义、目标及拟解决的关键问题

1.2.1　本书研究意义

我国是一个区域发展很不平衡的发展中大国，一直实施非均衡条件下的统筹协调发展战略。在20世纪50年代开始我国采用计划经济发展模式。改革开放以后，我国先后实施了东部地区外向型发展战略（80年代中后期）、西部大开发战略（1999）、振兴东北地区等老工业基地战略（2003）、促进中部地区崛起战略（2004），到近年来的20多个各地国家层面的战略规划区域：天津滨海新区（2006）、武汉城市圈（2007）、长株潭城市群（2007）、广西北部湾（2008）、福建海峡西岸经济区（2009）、鄱阳湖生态经济区（2009）、西咸新区（2010）、成渝地区（2011）等的确定，区域经济发展条件得以改善，经济发展动力得以增强，经济增长呈现出良好的势头，统筹了区域协调发展，构建了良性互动的发展新格局。尽管如此，区域发展的不均衡性仍然存在且有恶化趋势。城镇化发展仍以东部沿海地区为主导，中西部地区和东北老工业基地城镇化除省会等个别城市外大多发展滞后，经济社会发展动力不足，生态环境污染严重，城镇化质量建设面临巨大挑战，影响我国共同富裕目标和中华民族伟大复兴的中国梦的实现。研究欠发达地区城镇化发展问题对于缩小区域发展的不均衡性具有重大意义。

本书对欠发达地区城镇化质量测度与提升进行了研究，并以典型欠发达地区江西和广西为例进行实证研究并提出相关发展策略，具有重大理论和现实意义：

（1）顺应经济全球化、区域经济一体化和城镇化建设潮流的重大举措，可以加快欠发达地区经济社会的发展，为区域统筹协调发展做贡献。

（2）增强和提升区域发展竞争力的重要途径，有利于促进欠发达地区资源优化配置和产业结构调整与优化升级，实现经济、社会和生态环境和谐发展。

（3）可以发现影响欠发达地区城镇发展的一些关键性因素，以便科学地认识欠发达地区发展的状况，明晰自身的发展方向，加快振兴欠发达地区经济、统筹城乡发展和全面建设小康社会的步伐。

1.2.2 本书研究目标与研究基本观点

1.2.2.1 研究目标

本书首先在分析研究生态城镇化的特征与科学内涵的基础上，对欠发达地区概念、欠发达地区城镇化质量内涵和进程进行界定。通过对部分欠发达地区城镇化发展现状作基于系统动力学基模理论的分析和研究，发现影响欠发达地区城镇化质量的因素，指出在当今绿色发展、低碳发展和可持续发展的背景下，生态城镇化是欠发达地区城镇化的路径选择。在分析区域要素与欠发达地区城镇化发展关系的基础上，构建城镇化质量三维（发展度、协调度和持续度）模型，构建基于 PCA（主成分分析）–UDIT（城镇信息距离理论）的区域城镇化质量测度模型，并以典型欠发达地区——江西和广西城镇化发展为例，对其质量进行测度分析和对比研究。在此基础上，分析以英、德、美、日等国为代表的主要发达国家和国内部分典型区域城镇化发展进程与区域协调发展实践，总结其经验和不足，研究欠发达地区城镇化质量提升机制，构建相关耦合协调度模型，结合计量经济学、统计学、博弈论和系统动力学的基模分析理论，分析研究欠发达地区城镇化质量提升背景下的创新管理，提出欠发达地区城镇化质量提升战略和江西城镇化质量提升策略。

1.2.2.2　研究的基本观点

本书的基本观点包括：

（1）生态城镇化是欠发达地区城镇化发展和区域协调发展的路径选择。

（2）人的城镇化是欠发达地区城镇化质量的核心内容，城镇现代化、城乡生态化和城乡一体化是欠发达地区城镇化质量的终极目标。

（3）欠发达地区城镇化质量的提升要从城镇化的发展度、协调度和持续度三个维度入手。

（4）基于生态文明的欠发达地区城镇化质量提升机制为"五位一体"发展机制。欠发达地区城镇化质量提升的着力点主要集中在农业现代化发展、工业产业化发展、经济全球化发展、信息高新化发展和政府服务化发展等五个方面。

（5）产业"智造"和城镇"智造"有机结合的产城融合模式是欠发达地区城镇化质量提升的有效途径。

（6）政府管理创新与人才培养是欠发达地区城镇化质量提升的关键。

（7）提升欠发达地区城镇化质量应遵循统筹发展、产业保障、生态建设和层次渐近四个原则，突出内涵式、协同式和开放式城镇化发展理念。

（8）欠发达地区城镇化发展模式为能源结构现代化、产业高新低碳化和消费绿色生态化。

1.2.2.3　研究解决的关键问题及可能的创新点

本书研究解决的关键问题包括：

（1）确定了生态城镇化与城镇化质量的科学内涵，这是对城镇化质量进行测度的理论基础。尽管目前测度城镇化质量的方法有很多种，但总体来说对欠发达地区城镇化质量的内涵还未有比较统一的定义。

（2）引入区域发展系数概念，提出了一个欠发达地区界定的数学量化新模型。

（3）构建了欠发达地区城镇化质量评价指标体系和相关新的测度模型，并以相关区域进行了实证分析。对欠发达地区城镇化质量进行测度的理论与实证研究都比较乏见，这里引入一些新的指标，建立基于 PCA-UDIT 的区域城镇化质量测度混合模型并进行了实证分析。

（4）分析并构建了城镇化质量三维关联模型，界定了欠发达地区城镇化质量进程。

（5）分析了我国城镇化与区域协调发展的基本特征，分析并建立了基于生态文明的"五位一体"欠发达地区城镇化质量提升机制，并建立相关模型进行实证分析，提出了相关城镇化质量提升的策略。

本书研究的可能创新点主要有以下五个方面：

（1）对欠发达地区、生态城镇化的科学内涵、欠发达地区城镇化质量内涵及其进程进行了界定。

一是通过文献阅读，在计算世界银行年度报告中等发达国家收入区间中值与全国人均 GDP 的比值、全国人均 GDP 与全国 31 个省（市、区）人均 GDP 的均值的比值的基础之上，分析并定义了区域发展系数，提出了一个数学量化模型，为欠发达地区的界定提供了一种新的方法。

二是本书对生态城镇化的特征与科学内涵进行了界定。研究认为生态城镇化的核心是人的城镇化；生态城镇化的目标是城镇现代化、城乡生态化和城乡一体化；生态城镇化的关键是走具有区域特色的新型城镇化道路。

三是本书对欠发达地区城镇化质量内涵及其进程进行了界定。研究认为，欠发达地区城镇化质量的具体内涵应当包括城镇化的发展度、持续度和协调度三个关联维度，包含经济发展、生态环境、社会发展、居民生活质量和城乡统筹等五大方面，是城镇内部的和谐及与城镇外部的共生。欠发达地区城镇化质量进程按发展阶段可分为初等城镇化、中等城镇化和高等城镇化三类；按发展模式可分为冒进城镇化、逆城镇化、生态城镇化和非生态城镇化四类。

（2）建立了欠发达地区城镇化质量（发展度、协调度和持续度）三维关联模型与欠发达地区城镇化质量评价指标体系。

本书在基于系统动力学基模理论的区域城镇化质量影响因素分析基础上，建立了欠发达地区城镇化质量发展度、协调度和持续度三维关联模型。同时，本书对典型欠发达地区——江西和广西城镇化发展现状分析并结合相关研究分析基础上，从经济发展、生态环境、社会发展、居民生活质量和城乡统筹等五大方面构建了欠发达地区城镇化质量评价指标体系，共有 36 个指标。有些指标如 GDP 含金量、环境空气优良天数比例等为首次应用在相关评价体系中。

（3）构建了基于 PCA-UDIT 的区域城镇化质量测度混合模型并进行实证分析。

城镇信息距离理论（UDIT）与主成分分析法（PCA）测度混合模型研究当前还是一个空白。本书构建了基于 PCA-UDIT 的区域城镇化质量测度混合模型，并以典型欠发达地区——江西和广西进行了实证分析。

（4）构建了基于生态文明的欠发达地区城镇化质量"五位一体"提升机制，并建立相关模型进行实证分析。

本书从农业现代化发展、工业产业化发展、经济全球化发展、信息高新化发展和政府服务化发展等五个方面对基于生态文明的欠发达地区城镇化质量提升机制进行了研究。同时，本书建立相关耦合协调度模型、演化博弈模型、协调博弈模型和系统动力学模型，并以相关欠发达地区城镇化发展进行实证分析。

（5）首次提出了产业"智造"和城镇"智造"的概念，认为有机结合的产城融合模式是欠发达地区城镇化质量提升的有效途径。

本书研究认为，"智造"是指更为广泛意义上的蕴含更多智慧、智力和智能的生产或建设，并从区域层面以国家级新区——赣江新区城镇化建设为例和从产业层面以电子商务产业为例进行相关创新管理分析，提出相关发展策略。

1.3 研究方法与技术路线

1.3.1 研究方法

本书使用的研究方法较多，主要包括：

（1）博弈论、系统动力学、统计学和计量经济学"四法"一体分析法。对欠发达地区城镇化现状及其质量提升动力机制、政府创新管理等作基于博弈论、系统动力学、统计学和计量经济学四种方法的分析，发现影响欠发达地区城镇化质量及其提升的一些关键性因素并提出相关发展战略。

（2）宏观、中观和微观"三层"一体研究法。欠发达地区城镇化质量涉及经济问题研究的宏观（区域）、中观（产业）和微观（企业）三个层面。在已积累的大量相关数据文献基础上，结合"三层"一体分析法，较好地研究分析并总结了欠发达地区城镇化发展的模式、机制与路径。

（3）双向（纵向横向）双模（三维关联模型和博弈模型）研究法。与主要发达国家和国内部分典型区域城镇化与区域协调发展进行纵向横向对比分析，建立并运用三维关联模型和四方协调博弈模型等对典型欠发达地区城镇化质量进行测度，并对城镇化质量提升背景下管理创新进行研究分析。

1.3.2 技术路线

本书研究遵循以下技术路线进行，如图 1.1 所示，主要包括：

（1）文献资料的收集、整理和相关数据的处理与分析：国内外相关文献的收集，各地区城镇化相关数据资料收集与调研。

（2）生态城镇化和欠发达地区城镇化质量的理论分析与研究。本书在文献资料分析与归纳的基础上，把握生态城镇化科学特征及其内涵的充实，研究欠发达地区城镇化质量的相关方面，利用管理学、经济学、社会学和生态学等方面的理论知识，构建并丰富欠发达地区城镇化质量的理论框架。

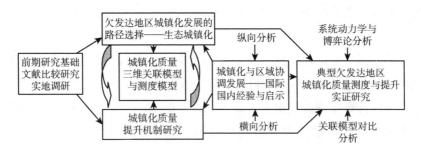

图 1.1　研究技术路线

（3）欠发达地区城镇化质量的实证研究。根据相关理论分析，建立新的基于 PCA-UDIT 的测度模型，利用调研并经过整理的数据资料，对典型欠发达地区城镇化质量进行实证研究。

（4）经验分析与总结。分析国内外主要发达国家和国内部分区域城镇化发展进程与区域协调发展实践，总结其经验及基本特征。

（5）分析并构建欠发达地区城镇化质量提升机制，提出有利于欠发达地区城镇化质量提升的各种政策建议，为相关决策服务。

1.4　本书总体框架

本书共分为 7 章。

第 1 章绪论。主要介绍了本书研究的背景、研究意义、研究目标、研究主要内容、研究方法与技术路线和总体框架等。

第2章欠发达地区城镇化发展的路径选择——生态城镇化。主要对生态城镇化的特征与科学内涵、欠发达地区和欠发达地区城镇化质量内涵进行了界定，指出生态城镇化的核心是人的城镇化，生态城镇化的目标是城镇现代化、城乡生态化和城乡一体化。对欠发达地区城镇化质量进程按发展进程与发展模式进行分类，对欠发达地区江西、广西两地城镇化现状进行了分析和研究，建立了城镇化质量三维（发展度、持续度和协调度）关联模型，指出生态城镇化是欠发达地区城镇化发展的路径选择。

第3章欠发达地区城镇化质量测度研究。从经济发展、生态环境、社会发展、居民生活质量和城乡统筹等五大方面建立了欠发达地区城镇化质量评价指标体系，构建了基于 PCA-UDIT 的区域城镇化质量测度混合模型，并以典型欠发达地区江西和广西为例进行实证分析和对比分析。

第4章城镇化发展历程与区域协调发展——国际经验与国内实践。主要分析了以英、德、美、日等国为代表的主要发达国家和我国北部湾（广西）经济区、珠江三角经济区、长三角经济区城镇化发展与区域协调发展实践，总结国际经验启示，并分析我国城镇化与区域协调发展现状及其存在的七大问题，包括伪城镇化、冒进城镇化、区域城镇化发展不协调、区域经济发展不合理、城镇化发展方式未能实现集约化、城镇规模结构不适当、城镇服务功能不强和区域协调发展管理体制不适应等，为我国欠发达地区城镇化发展提供理论经验支持。

第5章我国欠发达地区城镇化质量提升机制研究。主要包括两方面内容：一是基于协同理论和生态文明理论，从农业现代化发展、工业产业化发展、经济全球化发展、信息高新化发展和政府服务化发展等五个方面分析并构建基于生态文明的欠发达地区城镇化质量"五位一体"提升机制；二是从计量经济学、博弈论、系统动力学和统计学等角度结合产业和特定区域进行了城镇化质量提升背景下的创新管理研究：（1）以环鄱阳湖地区为例进行了旅游产业—城镇化—生态环境交互耦合的定量分析；

（2）基于演化博弈分析对生态旅游产业发展与政府创新管理进行了分析；
（3）基于四方协调博弈研究了低碳城市建设中新能源发展与政府创新管理；（4）以赣江新区为例对区域产城融合发展与创新管理进行了研究；（5）以江西为例对电子商务产业发展与人才创新管理进行了分析。

第6章我国欠发达地区城镇化质量提升策略研究。一是从欠发达地区层面，提出提升城镇化质量应遵循统筹发展、产业保障、生态建设和层次渐近四个原则，要突出内涵式、协同式和开放式城镇化发展理念；二是从江西省域层面，提出了其城镇化质量提升总体策略、产业发展策略和具体区域发展策略。

第7章总结与研究展望。对全书进行总结，提出相关结论，并对今后可能的进一步研究进行展望。

第 2 章　欠发达地区城镇化发展的路径选择
——生态城镇化

生态城镇化是城镇化的再发展，是城镇生态文明建设的集中体现，是欠发达地区城镇化发展的路径选择。生态城镇化发展模式为具有区域特色的欠发达地区城镇化进程与区域协调发展的最佳模式之一。

2.1　生态城镇化的特征与科学内涵①

2.1.1　生态城镇化的特征

生态城镇化是一种适度城镇化，指在实现自然生态系统良性循环发展的基础上，以生态经济体系为核心，以社会可持续发展为目标，使城镇经济、社会和生态效益实现最佳结果。生态城镇化具体到实践中是指坚持以人为本，以生态产业化为动力，按照因地制宜、优势互补、统筹兼顾和相辅相成的原则，以生态文明建设为主体，有序推进大中小城市

---

① 本节主要内容已于 2014 年 7 月在江西省哲学社会科学教学科研骨干研修班主题为"发展升级、小康提速、绿色崛起、实干兴赣"学员代表论坛上宣读，后修改整理以标题《以人的城镇化为核心，提升江西新型城镇化质量》于 2014 年 9 月 14 日发表于江西省委党校、江西行政学院主办的《领导论坛》第 17 期（总第 334 期）上，获江西省政协副主席孙菊生肯定性批示并转相关部门参阅。

和农村小城镇的生态化、集群化与现代化的发展，全面提升城镇化的水平和质量，走科学发展、集约高效、功能完善、环境友好、社会和谐、特色鲜明、城乡统筹、大中小城市和小城镇协调发展的生态城镇之路。

生态城镇化的"生态"就是要将生态文明理念融合到城镇化发展的进程当中，改变过去一味注重追求城市规模扩张等理念，使之转变为以提升城镇的生态文明和提高城镇的公共服务水平等为中心，真正让城镇成为具有较高水准的宜居宜业之所。生态城镇化中的"城镇"已不是一般概念上的城镇，而是与其所处的区域组合成一个有机的生态系统，是人与自然、社会、环境和谐共生并协调发展的生态型可持续发展的城镇。生态城镇化是一个不断探索创新的生态化发展过程，同时也是人类自身不断发展不断完善的过程，它与传统的城镇化有本质的区别。生态城镇化是城镇化的再发展，是城镇生态文明建设的集中体现，是人们实现城镇可持续发展的有效途径。

生态城镇化突出人本化、绿色化和生态化，要求能源结构现代化，要统筹规划、科学发展、因地制宜、多层次利用各种太阳能、风能、核能等清洁能源，为城镇化发展服务。生态城镇化要求产业高新低碳化，要将高能耗产业跳过工业化的重化工阶段，直接进入高新技术阶段，并大力发展低碳产业。生态城镇化还要求消费绿色生态化，提倡构建以绿色消费为主的科学生活方式，强调绿色规划和绿色管理，不断推进节能减排技术和资源集约与循环利用。

2.1.2　生态城镇化的科学内涵

2.1.2.1　生态城镇化的核心是人的城镇化

城镇化是城乡社会、经济、市场、产业和文化发展的自然结果。城镇化是实现"中国梦"的基石，它肩负着"两个解放"——把农民从土地中解放出来，把土地从农民手里解放出来。与此同时，随着改革开放的不断深入，中国社会由城乡"二元结构"转向"三元结构"。所谓的

"第三元"，主要指的是包括农民工在内的进城务工人员，工作生活在城镇而户口在农村，实质上形成了城镇化的"夹心层"。从某种意义上来说，这种"三元结构"的出现是最终实现城乡一体化的必然现象。但这第三元结构悬在城乡之间，一旦解决不好，将会给社会稳定带来了很大的隐患。可见，城镇化还是解决中国社会"三元结构"的关键。

城镇化不仅关系到城镇现代化建设，还涉及数量相当庞大的农村剩余转移人口的切身利益。党的十八大报告中指出，"工业化、信息化、城镇化、农业现代化同步发展"，为新型城镇化道路指明了发展方向。可以说，生态城镇化是欠发达地区城镇化发展的路径选择。生态城镇化的核心是人的城镇化，其关键在于不断提升城镇化的质量。

人的城镇化并不是简单的人口比例增加和城镇面积的扩张，更重要的是实现产业结构、就业方式、人居环境和社会保障等由"乡"到"城"的根本转变。人的城镇化必须不断改变传统的增长导向型城镇化模式，要以改善民生为根本目的，在保持城镇化发展的一定速度下，更加关注城镇化进程中人的生活质量的提升。

（1）人的城镇化与区域经济建设。习近平总书记指出，"中国梦的基本内涵是实现国家富强、民族振兴、人民幸福""中国梦归根到底是人民的梦，必须紧紧依靠人民来实现，必须不断地为人民造福"。中国梦的目标就是国强民富，而就当前短期来说，其目标是党的十八大确立的 2020 年实现全面建成小康社会，国民收入翻一番。要实现这一目标，经济增长幅度就不能太低。没有一定的经济增长速度，提高国民收入就成为无稽之谈。要实现赶超进位，人的城镇化是非常现实的道路。

当前，欠发达地区经济发展面临着严峻挑战。扩大内需和增加投资成为调整欠发达地区经济结构的重要内容，而这都要落实到人的城镇化上。如果没有人的城镇化，欠发达地区经济水平就根本不可能为"中国梦"的实现提供丰厚的物质基础。以典型欠发达地区江西省为例。研究表明，未来 10 年左右，江西省城镇化将会保持一个较快的发展速度。全面建成小康社会的一个重要标志是城镇化率达到 60%，而 2013 年江西省城镇化率为 48.87%。也就是说，2014～2020 年，江西的城镇至少新增 500 万人口，平均每年要新增 70 万～80 万人。这意味着 500 多万人消费理念的更新和消费结构的升级，意味着庞大消费潜力的释放。统计数据显示，2012 年江西省城镇居民人均消费为 15327 元，农村居民人均消费为 6423 元，相差 2.4 倍（全国约为 3.1）。以此计算，如果 500 万农民转化为市民，7 年总共可以大约新增 2000 亿元的消费需求。与此同时，城镇化发展必然带动基础设施、公共服务设施建设和房地产开发等各个方面的投资需求。据相关专家测算表明，每增加 1 个城镇人口可带动城镇固定资产投资 50 万元。按这样计算，新增 500 万人口将会带动新增投资 25000 亿元。这样平均下来每年约增加 4000 亿元，按 2012 年江西省的 GDP 来算增加了近三成。由此可见，人的城镇化符合伟大中国梦的要求，是实现欠发达地区走向共同富裕的必然选择。

（2）人的城镇化与区域和谐建设。人的城镇化不仅能扩大内需、调整产业结构、促进经济的发展，同时它也是一个改善民生、促进社会公正的过程。问卷调查显示，公平正义的缺失会影响甚至威胁到整个社会的和谐稳定。社会一旦动荡，中华民族的伟大复兴梦也将变得残缺不全。

改革开放以来，我国欠发达地区经济建设和城镇化发展取得了巨大成就，但也导致了诸多社会问题的出现。传统城镇化发展模式下，社会公平保障体系发展严重滞后。在区域战略发展布局上，我国长期优先追求经济整体上的快速增长，忽略了维护社会公平正义的重要性。这种现象的长期累积导致了较为严重的负面效果。首先，在工业化战略导向之下，"三农"问题突出，对农业和农村长期的低投入造成了农业部门的衰退和农村生活环境的恶化，农村基本公共服务供给长期不足；其次，由于就业和户籍管理制度的长期僵化，造成社会权利覆盖不均匀，城镇承载能力得不到发展，"城镇夹心层"农民工及其子女在城镇就业、教育、医疗和保险等方面的权益没有得到有效地保护，增加了社会矛盾；再次，在城镇化推进的进程中，一些民众的土地、房产等权利没有得到较为妥善地维护，纠纷冲突频频发生。[86]

推进人的城镇化，提升欠发达地区城镇化质量的好处显而易见。它不仅能够提高广大人民群众享受公共服务的水平，还能增强城镇的基础设施建设水平。从经济增长方面来看，它能够刺激市场潜力更好地发挥，吸引民间投资；从社会方面来看，它能够促进社会公平正义；从民生方面来看，它还能够构筑基本的社会保障安全。可以说，人的城镇化，符合社会公平正义要求的机制，真正有助于实现我们伟大中国梦与"和谐中国"的目标。[87]

（3）人的城镇化与区域环境建设。良好的生态环境，是欠发达地区科学发展、协调发展、绿色崛起的生命线。同时，只有不断推进人的城镇化，提高城镇化质量，才能实现集约化发展，摆脱当前欠发达地区经济社会面临的现状。既要合理开发，又不能破坏环境，"既要金山银山，也要绿水青山"。在实现富强美丽中国目标的大前提约束下，欠发达地区不可能复制沿海等地区"先发展后治理"以牺牲环境为代价的早期发展道路，应当走集约、智能、绿色、生态、低碳的发展模式。要充分考虑欠发达地区生态环境的承载能力，要有相关的环保产业、绿色产业作为支撑，这样才能给人民提供一个安居乐业的自然环境。所以说，走人的城镇化之路，不断提升城镇化质量，符合伟大中国梦的要求，是实现"秀美中国"的必然选择。

2.1.2.2 生态城镇化的目标是城镇现代化、城乡生态化和城乡一体化

生态城镇化的首要目标是城镇现代化。当前我国的城镇化是具有中国特色的社会主义市场经济条件下的城镇化，有着自己的许多特殊性，欠发达地区的城镇化更是如此。欠发达地区的城镇化有后发优势，可以最大限度地避免重蹈发达地区的城镇化弊端的覆辙。不仅如此，欠发达地区的城镇化可以融入一些新的理解，形成既反映我国总体经济和城镇化发展的进程，又兼顾时代潮流综合性的现代化城镇系统结构。生态城镇化是针对欠发达地区城镇化发展所设计的新模式，它对城镇现代化的

理解应有所侧重与不同。欠发达地区的城镇现代化除了有强有力的经济产业支持外，更加注重优化城镇空间布局和环境建设，不断加强对城镇化的管理，提高城镇建设用地利用效率，建立多元可持续的资金保障机制，有序推进农业转移人口的市民化。

生态城镇化的第二个目标是城乡生态化。优良的自然生态环境是城乡生态化的第一要义。生态环境是人类社会生存和持续发展的根基，对人的生理健康、心理健康及人际关系的和谐起着极为重要的作用。随着经济水平的日益提高和城镇化的不断深入发展，人类生理生活和精神上对生态环境需求日益凸显。优良的人文生态环境是城乡生态化的第二要义。这里的人文生态环境要求城乡居民有较强的环境意识和生态意识。环境意识是体现人类与环境之间相互作用的意识，而生态意识则体现人类与生态系统或生态系统中生物因素与非生物因素之间相互关系的意识。[48]城乡生态化要求人类的生产生活方式、消费理念向资源节约和环境友好的生产消费模式转变，即"绿色生产和绿色消费"。

生态城镇化的另一个目标是城乡一体化。城乡一体化并非要消除一切城乡差别，使城乡变得完全均质和雷同，这是不可能的。城乡一体化的实质是破除城乡间的行政壁垒，促进各种要素的自由流动，消除城乡之间的各种歧视和不平等，通过全面统筹和配套改革，将城乡纳入全面协调与整体可持续发展的统一轨道，促进整个基础设施和社会管理的均质化，实现公共服务均等化，使全体农民和城镇居民在居住、就业、投资、教育、卫生和文化等方面享受平等的待遇，平等参与现代化进程，平等共享现代化成果。[88, 89]

2.1.2.3　生态城镇化的关键是走具有区域特色的新型城镇化道路

生态城镇化是一种新型城镇化，其道路也是有差异的。不同的地区有不同的实际情况，如人力资源、自然环境基础、地域区位等。针对欠发达地区的基本情况，生态城镇化必须以人的城镇化为核心，走大中城市和小城镇协调发展之路。具体为：突出发展核心城市，加快发展区域中心城市，打造区域增长极，积极发展小城市和县城，有所侧重地发展特色小城镇，形成以区域特大城市为核心、大中城市为支柱、小城市和城镇为基础，大中小城市和小城镇结构合理、布局科学、特色鲜明、环境优美、服务功能较强、人民生活富裕的城镇体系。这不仅是欠发达地区实现"中国梦"的具体行动，是不断开创建设区域富裕、和谐、秀美的现实选择，更是实现"全面建设小康社会"的必由之路。

2.2 欠发达地区城镇化现状研究——以江西、广西两地为例

改革开放以来，特别是新世纪以来，我国整体的城镇化发展取得了巨大的进步，欠发达地区较为集中的中西部地区的城镇化建设在国家政策推动下取得了长足的发展，城镇化水平不断提高。但是随着城镇化的快速发展，一些问题也随之出现，如产业结构不合理，基础设施投入仍较薄弱，资源环境压力仍较大，城镇承载能力仍然较弱，城乡区域发展不平衡等。限于研究条件，本书先对欠发达地区进行界定，重点选择了典型欠发达地区江西、广西两地为例，进行欠发达地区城镇化现状分析研究。

2.2.1 欠发达地区的界定

欠发达地区，一般是指受历史、区位、观念等条件的限制和我国不平衡发展战略的影响，与发达地区相比其经济和社会的发展水平有一定的差距，生产力发展较为不平衡，科技水平还不够高，但经济和社会发展又具有较大潜力的区域，如我国的中、西部地区。同发达地区相比，欠发达地区在所有制结构、现代企业制度、要素市场等方面还保留着较多的传统计划经济体制的痕迹，有的方面还相当严重。但欠发达地区资

源较为丰富，生态环境尚未遭到严重的破坏，随着改革的不断深化、社会的不断前进和制度的持续创新，在新一轮经济增长中有可能实现快速发展。[90]

　　欠发达地区既有"地理空间范围"的相对概念，又是一个基于历史纵向比较的、动态变化发展的范畴。在不同的历史阶段，对其测度的价值标准和衡量的指标体系存在差异性。[91]就我国而言，一般认为，如果从经济实力上划分，其中以珠三角、长三角、环渤海地区等区域多为发达地区，其他地区多为欠发达地区；如果从地区上划分，东部和沿海多为发达地区，中西部多为欠发达地区。但分析不难发现，这种划分较为笼统，还停留在较大区域层面。为此，本书在相关研究基础上，对我国各省区域发展程度进行界定。

2.2.1.1　欠发达地区的界定标准

　　国际上通常用人均 GDP 作为唯一指标来衡量区域经济发展水平。根据世界银行 2013 年新标准，人均 GDP 低于 1035 美元为低收入国家；人均 GDP 为 1035~4085 美元为中等偏下收入国家；人均 GDP 为 4085~12616 美元为中等偏上收入国家；人均 GDP 不低于 12616 美元为高收入国家。① 2013 年人民币兑美元平均汇率为 6.1932，计算结果，如表 2.1 所示。

表 2.1　　　　　　　　　　国家类型及分类标准（2013）

国家类型	收入等级	人均 GDP（元）
发达国家	高收入	>78133
中等发达国家	上中等收入	25299~78133
发展中国家	下中等收入	6410~25299
	低等收入	<6410

---

① 《世界银行 2013 年度报告》。

　　根据国际货币基金组织 IMF 权威数据显示，2013 年我国人均 GDP 为 43320.1 元，在全世界 181 个国家和地区中排名第 89 位，为中等发达国家。并且，各省（市、区）人均 GDP 差异明显，如表 2.2 所示。

　　分析表 2.1 和 2.2 不难发现，按世界银行标准，2013 年，天津、北京、上海、江苏、浙江、内蒙古、辽宁、广东、福建、山东和吉林 11 个省（市、区）人均 GDP 高于全国人均水平，西藏、云南、甘肃和贵州人均 GDP 明显偏低。天津、北京和上海人均 GDP 均高于 78133 元，为高收入等级，属于发达地区；云南、甘肃和贵州人均 GDP 均低于 25299 元，为下中等收入等级，属于发展中地区。

　　显然，按世界银行这一标准来划分存在较大不合理性。为此，有必要进行重新合理划分。世界银行 2013 年新标准中，上中等收入介于区间 [25299，78133] 上，区间中值为 51716 元，它与全国人均 GDP 为 43320.1 元的比值约为 1.1938。通过计算，可得到 2013 年全国 31 个省（市、区）人均 GDP 的均值为 47047 元，全国人均 GDP 与其之比约为 0.9208。

表 2.2　　2013 年全国 31 个省、市、自治区人均 GDP 与全国均值之比

省（市、区）	人均 GDP（元）	与全国均值之比	省（市、区）	人均 GDP（元）	与全国均值之比
天津	99607	2.2993	黑龙江	37509	0.8659
北京	93213	2.1517	新疆	37181	0.8583
上海	90092	2.0797	湖南	36763	0.8486
江苏	74607	1.7222	青海	36510	0.8428
浙江	68462	1.5804	海南	35317	0.8153
内蒙古	67498	1.5581	山西	34813	0.8036
辽宁	61686	1.4240	河南	34174	0.7889
广东	58540	1.3513	四川	32454	0.7492
福建	57856	1.3355	江西	31771	0.7334
山东	56323	1.3002	安徽	31684	0.7314
吉林	47191	1.0894	广西	30588	0.7061

续表

省（市、区）	人均 GDP（元）	与全国均值之比	省（市、区）	人均 GDP（元）	与全国均值之比
重庆	42795	0.9879	西藏	26086	0.6022
陕西	42691	0.9855	云南	25083	0.5790
湖北	42613	0.9837	甘肃	24296	0.5608
宁夏	39420	0.9100	贵州	22922	0.5291
河北	38716	0.8937	平均	47047	/

注：数据来源于江西统计年鉴2014，各统计途径差异可能造成数据和计算略有偏差。

根据上述计算和分析，结合相关文献[90-92]、专家咨询和各省（市、区）实际，本书进行如下界定：

定义 1 设某区域人均 GDP 为 x 元，全国人均 GDP 为 $\bar{x}$ 元，则称 $y = \dfrac{x}{\bar{x}}$ 为区域发展系数。

定义 2 一般来说，当区域发展系数 $y \geq 1.2$ 时，称区域为发达地区；当区域发展系数 $1.2 < y \leq 0.92$ 时，称区域为中等发达地区；当区域发展系数 $y < 0.92$ 时，称区域为欠发达地区。即有分段函数：

$$f(y) = \begin{cases} 发达地区, & y \geq 1.2 \\ 中等发达地区, & 0.92 \leq y < 1.2 \\ 欠发达地区, & y < 0.92 \end{cases}$$

2.2.1.2 欠发达地区的界定结果及其特征

根据年鉴数据，可得到2013年全国31个省、市、自治区人均 GDP 与全国人均 GDP 的比值（见表2.2）。按定义2，天津、北京、上海、江苏、浙江、辽宁、广东、福建和山东9个省（市）为发达地区，吉林、重庆、陕西和湖北4个省（市）为中等发达地区，河北、河南、山西、黑龙江、安徽、江西、湖南、四川、贵州、海南、云南、西藏、甘肃、青海、宁夏、新疆和广西17个省（区）为欠发达地区。

这里特别要说明的是，根据内蒙古的实际，尽管其区域发展系数比较高，但这是资源丰富和总人口较少带来的结果（2013 年内蒙古总人口 2498 万人。），本书仍然将其列入欠发达地区。这样，2013 年，我国发达地区有 9 个，中等发达地区有 4 个，欠发达地区 18 个。具体如表 2.3 所示。

表 2.3　　　　　　　　全国地区发展分类（2013 年数据）

类　型	欠发达地区	中等发达地区	发达地区
省（市、区）	河北、河南、山西、黑龙江、安徽、江西、湖南、四川、贵州、海南、云南、西藏、甘肃、青海、新疆、广西、内蒙古、宁夏	吉林、重庆、陕西、湖北	天津、北京、上海、江苏、浙江、辽宁、广东、福建、山东

对欠发达地区经济、社会和资源环境等进一步分析，可以发现欠发达地区存在以下四个显著特征：

（1）区位优势缺乏。发达地区主要集中在东部沿海地区，欠发达地区主要集中在中西部地区。可见，区位对经济发展影响巨大。

（2）产业结构单一。欠发达地区的经济严重依赖于当地的自然资源，或仅靠某一项、几项支柱产业支撑，这不仅造成区域经济总量偏小，而且容易带来经济风险。一旦支柱产业出现问题，区域经济可能出现重大滑坡。

（3）社会发展滞后。发达地区基础设施建设不足，教育发展水平较低，各类学校特别是名牌高校数量不足，城镇化水平低。

（4）资源利用不足。许多欠发达地区资源丰富，但利用率极为低下，还停留在卖原材料的基础上，产业链还很不完善。[91]

2.2.2　典型欠发达地区江西城镇化发展现状

2.2.2.1　江西城镇化发展成效

改革开放以来，江西省经济得到快速发展，经济实力得到显著提升，城镇化进程取得了令人瞩目的成就：城镇化布局和形态更加优化，城乡风貌发生了翻天覆地的变化，城镇化质量得到了显著提升。

一是城镇化发展总体稳健，城镇化率明显提升。从 1978～2014 年，江西省的城镇化率从 16.75% 上升到 50.22%，年均提高约 0.93 个百分点。江西省 GDP 稳步增长，到 2013 年底达到 12948.88 亿元，经济的快速发展拉动了社会需求，增加了城乡居民的可支配性收入，进而缩小了城乡差距，为城镇化的稳步发展奠定了物质基础。

二是城镇规模不断扩大，城镇体系明显优化。农村剩余劳动力不断向城镇迁移，城镇人口也由 1978 年的 533.12 万人，上升到 2014 年的 2281.07 万人，江西省城镇人口总量首次超过了乡村。① 江西城镇体系也日益完善，逐步形成了以大城市南昌为中心，以中等城市九江、景德镇、赣州为骨干，以抚州、上饶、萍乡、宜春、吉安、鹰潭等小城市为支柱，众多城市协调发展的城镇格局。

三是环境保护工作力度加大，城镇人居环境明显改善。在推进城镇化过程中，江西省高度重视环境保护工作，不断增加环保投入，加大环保设施的建设力度，使城镇人居环境得到明显改善。

四是居民收入快速增长，生活质量显著提高。江西省居民收入、消费水平增长速度明显超过了历史前期，是改革开放以来增长速度最快的时期。江西省城镇居民可支配性收入从 2000 年的 5104 元上升到 2013 年的 21872 元，增长了约 4.29 倍。同时，江西省居民更加注重消费，支出额不断增加，城镇人均消费性支出从 2000 年的 3624 元上升到 2013 年的 13850 元，增长了约 3.82 倍。这些数据反映了江西省居民的生活质量得到了显著提高。

五是城市建设的各个方面得到改善。随着江西省城镇化进程的加快，江西省的用水、燃气普及率进一步提高，市政设施不断完善，绿化面积不断增加。截至 2013 年底，江西省的用水、燃气普及率分别达到 97.7% 和 95.1%，道路面积达到 146520 平方公里，污水处理率达到

---

① 据调查数据推算，2014 年江西省城乡人口结构中，乡村人口 2261.09 万人。

83.1%，城镇居民的人均居住建筑面积达到 40.06 平方米。

六是产业发展模式更加合理，就业人数增加。随着城镇化的发展，江西省的产业结构发生了变化，由最初的第一、第二、第三型产业转变为第二、第三、第一型产业。《江西统计年鉴 2014》数据显示，截至2013 年底，第一产业在江西省 GDP 中所占的比重由 1978 年的 41.6% 下降到 11.4%；第二产业在江西省 GDP 中所占的比重由 1978 年的 38.0%上升到 53.5%；第三产业在江西省 GDP 中所占的比重由 1978 年的20.4% 上升到 35.1%。随着工业和服务业的发展，江西省的就业人口不断增加，在岗职工人数由 1978 年的 267.4 万人增加到 2013 年的 410万人。

2.2.2.2 江西城镇化发展存在的问题

虽然江西省城镇建设成效显著，但是也存在着许多问题，主要表现在：

（1）城镇化水平落后于全国的平均水平。改革开放以来，伴随江西经济发展的不断深入，江西省城镇化水平有了一个较为显著地提升，但是与发达地区相比，总体水平依然比较低，一直低于全国平均水平。从1978～2014 年，尽管江西城镇化率由 16.8% 提高到 50.22%，但是仍比同期的全国水平分别低 1.1%、4.55%，差距明显。

（2）各地级市城区面积小，大中城市较少。2013 年，在江西省 11个地级市中，只有南昌、新余、吉安三个地级市的城区面积在 200 平方公里以上，景德镇、九江、赣州的城区面积处于 100～200 平方公里之间，萍乡、鹰潭、宜春、抚州、上饶这几个地级市的城区面积不足 100平方公里，最小的为上饶，仅有 61.88 平方公里。从市区人口和所占的城区面积看，在江西省 21 个设市城市中，特大城市只有南昌 1 个，占设市总数的 4.8%；大城市有 6 个，分别是九江、赣州、吉安、新余、抚州、宜春，占设市总数的 28.6%；中等城市也是 6 个，分别为景德镇、萍乡、鹰潭、上饶、瑞金、贵溪，也占设市总数的 28.6%；小城市 8

个，占设市总数的 38%。①

（3）各地级市的城镇化水平差距明显。由于各地区地域差异大，导致了城镇化的发展极不平衡，两极分化现象严重。由表 2.4 可知，南昌市、景德镇市、萍乡市、新余市这几个地区的城镇化率普遍高于其他地区。另外，从 2000~2013 年，就城镇化率提升幅度来看，提高最快的为上饶市（城镇化率由 16.97% 上升到 44.66%，上升了 27.69 个百分点），提高最慢的为抚州市（城镇化率由 26.61% 上升到 42.09%，上升了 15.48 个百分点）。

表 2.4 江西省各地区的城镇化率

地区	2000 年	2010 年	2012 年	2013 年
南昌	48.88	65.71	68.78	69.83
景德镇	45.59	56.31	59.85	61.05
萍乡	39.18	59.17	62.31	63.45
九江	28.24	42.52	46.27	47.67
新余	42.62	61.59	65.59	66.43
鹰潭	34.9	47.4	51.25	52.73
赣州	20.56	37.53	41.16	42.56
吉安	21.94	37.59	41.62	43.13
宜春	24.77	35.54	40.27	41.78
抚州	26.61	37.2	40.71	42.09
上饶	16.97	41.89	43.56	44.66

资料来源：《江西统计年鉴（2001、2011、2013、2014）》。

———————————

① 这里统一采用 1980 年标准来分析，而不是 2014 年新标准。1980 年，我国首次对 1955 年国家建设委员会《关于当前城市建设工作的情况和几个问题的报告》中城市划定标准做出改变，将城市划分为四个等级：城市人口（中心城区和近郊区非农业人口）100 万人以上为特大城市，50 万人以上到 100 万人为大城市，20 万人以上到 50 万人为中等城市，20 万人和 20 万人以下为小城市。2014 年，国务院发布《关于调整城市规模划分标准的通知》，对原有城市规模划分标准进行了调整，新标准将城市划分为五类七档，把城区常住人口 500 万人以上 1000 万人以下的城市为特大城市。

（4）城镇化与工业化不协调。工业化是一个地区经济发展的引擎，其发展水平代表着这个地区的现代化水平和经济能力。数据显示，2013年江西省的工业化率为44.9%，第二产业占GDP的比重为53.5%，城镇化率为48.87%。由于城镇是第二产业的载体，如果城镇化发展落后于第二产业发展，将阻碍经济的发展，进而有可能对社会公共事业的发展形成阻碍，造成居民的整体素质低下，最终使得城镇也得不到好的发展。因此，城镇化与第二产业的不协调，将阻碍江西省经济的健康发展。① 城镇化与工业化的协调关系还可用指标 IU（劳动力工业化率/城镇化率）和 NU（劳动力非农化率/城镇化率）来测度，IU 和 NU 的国际标准值为 0.5 和 1.2，越接近这两个数，协调度越好。[93] 经测算，2013年江西省的 IU 和 NU 值分别约为 0.919 和 1.397，城镇化与工业化发展协调关系较差。

（5）城镇集聚和辐射功能较弱。实施城镇化战略，不是为了城镇化而城镇化，而是要充分利用城镇的集聚效应和辐射功能来促进经济的发展。相对于小城镇而言，大城镇对周边的辐射能力更强。但是与其他省市相比，江西省大城市的数量较少，而且城镇化率较高的地区在空间分布上也不均匀，这些都导致了大城市规模效应的不明显，降低了对周边地区的辐射带动作用。

（6）生态环境压力逐年增加。同其他发达省份相比，江西省高能耗产业所占的比重较大，第三产业所占的比重较小，产业结构不合理。另外，随着工业化的快速推进和承接发达地区的产业梯度转移，工业所产生的固体废弃物和废水的排放量逐年增加，尽管江西省污水处理率和废弃物再利用率近年来有所提高，但是仍有大量的工业"三废"排放到大自然中，这些都加剧了生态环境的承载能力。[94]

---

① 《江西省新型城镇化规划（2014－2020年）》。

2.2.3　典型欠发达地区广西城镇化发展现状

2.2.3.1　广西城镇化发展成效

广西在历史上就属于经济相对落后的地区，曾是南蛮之地，相对于中原、山东、江浙等沿海地区，地处偏僻，交通闭塞，教育文化科技落后。由于广西长期处于欠发达地区，经济发展水平滞后导致城镇化水平不高。2014 年，全国城镇化率为 54.77%，而广西仅为 46.01%，排全国第 25 位。《广西统计年鉴 2014》数据显示，广西市民化进程滞后，2115 万城镇常住人口中有 1108 万人没有城镇户籍，农民工"半市民化"现象突出。

改革开放以来，广西城镇化经历了发展起点低、增长速度快、城镇变化大的发展过程。

一是城乡规划管理进一步深化，城乡统筹发展进程不断加快。近 10年来，广西城镇化发展极大地带动了工业化、信息化和农业现代化进程，吸纳了大量农村劳动力转移就业，改善了广大农民生产生活条件，为破除城乡二元结构作出了积极贡献。广西构建了大中小城市、小城镇协调发展的城镇体系，积极实施了大县城发展战略，打造了由县级中等城市、小城市、经济强镇和特色小镇为骨干的县域城镇体系。2014 年，广西城镇化率比上一年提高 1.2 个百分点。

二是统筹实施五大行动，城镇建设质量得到提升。广西实施了城市新区建设示范行动、城市承载力提升百项建设行动、百镇建设行动、城镇品质提升行动和城镇管理提质行动等五大行动，城镇建设质量进一步得到提升。

三是积极推进"美丽广西·清洁家园"专项活动，促进住房城乡建设领域节能减排。广西着力建立农村环境综合整治的长效机制，积极推行开展农村垃圾分类和环卫服务市场化运营两项试点建设，开展"示范提高、设施提效、技术提升、规划提领、名村提速、古村提质"等六大行动，把城乡风貌提升改造作为"美丽广西·清洁家园"的精品工程，并大力实施铁路沿线环境综合整治专项等行动。2014 年，广西城镇污水处理率和生活垃圾无害化处理率分别达到80%。此外，广西还积极推进绿色建筑发展，建筑节能 45 万吨标准煤；大力推行新建建筑施工阶段节能强制性标准，执行率达到 97.5%。

2.2.3.2　广西城镇化发展存在的问题

广西城镇化发展存在的问题主在表现在：

（1）城镇化水平偏低。2014 年广西城镇化率比全国平均水平低近 8.76%。广西全区大中城市数量较少、规模偏弱、空间布局存在不合理，城镇总体竞争力不强，产城融合不紧密，城镇服务功能不足，产业集聚与人口集聚不同步，城镇化与工业化发展不协调。2013 年广西城镇化率与工业化率①的比值只有 1.150，低于 1.452 的全国平均水平和国际公认的 1.4~2.5 合理比值区间。此外，广西城镇化发展方式还较为粗放，城镇建设和人文景观及生态保护矛盾日益突出，城镇居民居住环境较差，棚户区、城中村大量存在，制约了城镇化发展质量。

（2）农民工市民化进程偏慢。2014 年统计数据显示，广西农民工总量约为 1211 万人，其中省外就业约为 929 万人，占总人数的 76.7%；区内就业约为 282 万人，占总人数的 23.3%。但由于体制、文化和观念等因素的影响，广西区内就业的农民工虽然逐步转变成了产业工人，却难以成为真正意义上的城镇居民，无法享有城镇居民在就业、教育、卫生、文化和住房等方面同等的基本公共服务，仍处于"半市民化"状态。城镇内部出现新的"二元"矛盾，农村留守儿童、妇女和老人权益保护问题日益凸显，给广西经济社会发展带来诸多风险和安全隐患。[95]

（3）"土地城镇化"速度快于"人的城镇化"速度。1978~2012 年，广西全区城镇建成区面积由 181 平方公里增加到 2298 平方公里，增

---

　①　这里采用工业化率＝工业增加值/GDP 来计算。

长速度较快，但与全国相比还较为落后。城市数量从 4 个增加到 35 个，建制镇数量也从 66 个增加到 715 个，基本与全国速度持平。但人的城镇化滞后，2013 年以常住人口计算的城镇化率为 44.81%，以户籍人口计算的城镇化率仅为 21.34%，两者相差 23.47%。同时，广西土地城镇化现象严重，2000~2012 年城镇建成区面积增长了 1.3 倍，而城镇人口仅增长 56.4%。城镇人口明显滞后于城镇建成区面积的增长速度。[①] 这表明广西的土地城镇化快于人的城镇化，导致建成区产业强度和人口密度偏低，新城区城镇功能不足，农民耕地减少加快，失地农民增多，一旦其权益得不到，各种矛盾纠纷就会发生，影响社会和谐。

（4）城镇化管理水平较为落后。广西一些城镇无序开发现象比较严重，人口集聚区域存在不均衡状态，城市人文、自然景观结构与其自然地理特征不够协调。不少城市重经济发展、轻环境保护，重城市基础建设、轻城市管理，重地上发展、轻地下建设现象比较严重。城市交通拥堵、环境污染加剧、公共服务供给能力不足、城市管理运行效率不高等城市问题日益明显，城中村和城乡接合部等外来人口集聚区人居环境较为落后。

（5）城镇规划建设特色不够明显。广西一些地方新区建设只求速度，匆匆上马，规划科学性不够，没有充分考虑环境、交通和配套设施等因素。在新区建设中也盲目贪大求洋、照搬照抄，缺乏个性与地方特色。"建设性破坏"有不断蔓延势头，城市的自然和人文景观遭到严重破坏，得不到有效保护。一些地方农村"空心化"或"一户城乡多宅"现象较为普遍，还有的农村在建设新农村过程中盲目模仿、大拆大建，导致乡土特色和民俗文化大量流失。

（6）城镇化发展体制机制还有待健全。与全国相类似，广西城乡户籍、土地和社会保障等制度也还不够完善，相关公共就业、文化、教育、医疗和住房等政策存在较为严重的二元分割现象，大大阻碍了农业

---

① 《广西壮族自治区新型城镇化规划（2014－2020 年）》《广西统计年鉴 2014》。

转移人口市民化进程。除此之外，涉及农村房屋、宅基地用益物权和集体建设用地等农村土地产权制度尚不够健全，城乡居民基本养老保险和医疗保险制度未能实现一体化，同一地区的城乡居民在社保统筹层次、就医选择、保障范围和待遇水平等方面存在着较为明显的差距。

2.3 生态城镇化与欠发达地区协调发展

协调发展是系统或系统内要素之间在和谐一致、配合得当、良性循环的基础上，由低级向高级、由简单向复杂、由无序向有序的总体演化过程。协调发展并不是单一的发展，而是一种多元式发展。在协调发展中，发展是系统运动的指向，而协调则是对这种指向行为的有益约束和规定，它强调的是整体性、综合性和内在性的发展聚合，追求的是在整体提高基础上的全局优化、结构优化和个体共同发展的一种理想状态。[96]

我国欠发达地区区域广泛，城镇众多。生态城镇化的建设离不开区域间、城镇间的竞争与合作，这就需要大中小城镇协调发展，积极稳妥地推进城镇化进程。因此，生态城镇化建设与欠发达地区协调发展的关系要受到重视。在现行的行政体制下，欠发达地区生态城镇化的建设，要根据不同地区的实际与特色，区别实行多元化发展的策略，多模式、多路径和多渠道地推进，强调区域之间、大中小城镇之间和城乡之间的协调发展。

生态城镇化强调区域产业体系的协调发展。城镇化发展都离不开强有力的产业体系支撑，产业是城镇化发展的推进器。生态城镇化更是如此，它强调产业的生态化、高新化和绿色化。产业体系发展战略涉及的是城镇经济发展中带有全局性和关键性的内容，包括产业体系定位、产业体系结构特色引领、主导产业选择等。只不过在生态城镇化中，强调的是高新技术产业、生态产业和绿色产业等，这些产业结构协调，避免了产业趋同、资源的浪费和区域间、城镇间的无序竞争。

生态城镇化强调区域空间体系的协调发展。随着改革开放的深入发展，我国空间体系不平衡的问题逐渐显现出来。过度开发所导致的资源紧张及生态、环境问题，城乡发展的不平衡，快速的城镇扩张所导致的大量耕地损失，人力资本向经济发达地区的单向流动等。解决这些问题的有效途径就是生态城镇化建设。生态城镇化强调资源的集约利用。资源都是立足于一定的区域空间之中。区域空间体系的协调发展要求在区域范围内研究和制定城镇空间的相对关系，突出交通枢纽和节点地区的作用。如何将发展所需的分散在不同空间体系中的各种相关资源和生产要素组织起来，统筹安排区域空间开发，优化配置国土资源，严格控制经济建设和城镇发展所必需的建设用地，实现区域经济活动效益的最大化，是生态城镇化建设的必然要求。

生态城镇化强调区域基础设施体系的协调发展。一个区域的基础设施体系是否完善，是其经济是否可以长期可持续健康发展的重要基础，也是其城镇化质量高低的一个体现。完善的基础设施体系对加速区域社会经济活动，促进区域分工与协作，促进其产业布局和空间分布形态演变起着巨大的推动作用。可以说，经济越发展，对基础设施体系的要求越高。生态城镇化是一种和谐城镇化，要求建设网络型、一体化、和谐的区域基础设施体系，在大型基础设施建设上，要进行合理协调，避免重复建设，形成功能互补、共同建设、共同受益的公共基础设施体系。

生态城镇化强调区域环境体系的协调发展。将绿色发展和生态文明建设融入到城镇化建设全过程是生态城镇化的主旨，这就要求对区域环境体系进行保护，合理使用区域各种资源，促进区域良性可持续发展。资源的稀缺性、环境容量的有限性，以及生态的易破坏性都决定了资源的开发和利用是有限度的。生态城镇化反对"先发展后治理"的发达地区城镇化发展道路模式，要求经济、社会与环境协同发展。生态环境具有公共性，而经济规律表明，区域在利用生态资源进行生产生活时都倾向自身利益最大化，加之生态补偿等观念的缺失，造成了大量的跨区域污染问题。因此，区域环境体系建设要从全局入手，要采取统一的规划，协调行动，统筹安排，切实保证区域环境保护与资源开发协调发展。

生态城镇化强调区域公共服务体系的协调发展。公共服务保障人类的基本生存权，满足基本尊严和基本能力的需要，满足基本健康的需要。随着经济的发展和人民生活水平的不断提高，一个社会基本公共服务的范畴会逐步扩展提升，水平也会不断提高。[97]

生态城镇化是人的城镇化，是一种高级形态的城镇化。按马斯洛的需求层次理论，这时城镇居民对公共服务的需求不同于低级形态的城镇化，他们除了关心基本的生存需求，对住房、环境、教育、医疗、社会保障公共服务体系等的要求会更高。这对区域公共服务体系的建设与发展带来了巨大压力。在市场机制下，区域公共服务提供的方式是多元化的，但主要是政府提供或市场供给。当政府提供和市场供给的协调程度越高，越有利于让市场提供公共服务。

总之，生态城镇化和区域协调发展都要求"以人为本"，尊重客观规律，既要关注代内发展的公平性，实现"代内协调发展"，又要兼顾代际发展的可持续性，实现"代际协调发展"。此外，生态城镇化和区域协调发展都要求保持城镇发展在空间（包括地理空间、产业领域等）上、生态环境上的协调。可以说，生态城镇化是区域协调发展的终极目标，区域协调发展是实现生态城镇化的最基本手段。

2.4 生态城镇化是欠发达地区城镇化质量提升的路径选择

2.4.1 生态城镇化是欠发达地区城镇化质量提升现实的选择

欠发达地区大多城镇化水平低，产业结构不合理，经济总量小，区域发展的"三驾马车"出口、内需和投资与东部沿海等发达地区都存在较大差距。要完成全面建设小康的目标，就要缩小欠发达地区与发达地区的差距，统筹城乡发展。因此，生态城镇化有着其独特的优势，与欠发达地区的基本实际相匹配，是欠发达地区城镇化发展现实的选择。

欠发达地区城镇化发展中的资源环境约束现实的选择了生态城镇化。欠发达地区传统的农业文化和人地关系、良好的生态环境、资源的稀缺与富足，以及土地作为农民基本保障等，都影响着欠发达地区城镇化发展模式与路径的选择。

城镇化发展离不开大量的相关资源。欠发达地区的有些地方，或是生态恶化，或是水资源短缺，或是发展用地不足，或是矿产开采殆尽等，极大地限制了区域城镇化发展。以江西萍乡市为例。萍乡曾是全国100个重点产煤城市之一，是典型的以本地区矿产和森林等自然资源开采、加工为主导产业的资源型城市。2007年，萍乡市被列为国家第二批循环经济试点城市。2008年，萍乡市又被列为国家首批资源枯竭型城市转型试点城市。调研发现，萍乡经济、财政严重依赖资源型产业，主要是围绕煤炭的开发利用形成的煤炭采选、煤化工、冶金、陶瓷和水泥等产业，第一产业、加工业和服务业极为脆弱，接续替代产业尚未形成。传统行业技术更新缓慢，产品科技含量低，产业结构单一，工业产品主要集中在冶炼和化工行业，主要有原煤、焦炭、水泥、陶瓷、玻璃和钢材等，矿产粗加工比重大，产品附加值低，原料矿产的综合利用水平低下。如煤炭行业，仍以原煤销售为主，深加工产业相对较少。最适合规模化经营的水泥行业，部分企业只有几万吨的产能，且传统产业资源消耗高、附加值低、环境污染大的问题没有得到妥善解决。资源枯竭、产能过剩和环境保护等困难束缚了萍乡城镇化质量的提升。

不仅如此，甚至优美的生态环境或独特的人文环境在一些城镇都被认为是城镇化发展的制约。因为一旦大搞城镇建设，多少会对生态或人文环境造成影响。数据表明，我国城市人均能耗大大高于农村。以城市人均建筑能耗为例，城市的约为农村的 3 倍。① 如果都选择传统的城镇化发展道路，欠发达地区的资源环境将面临巨大的压力，甚至是崩溃。

欠发达地区城镇化发展中的低质量现实选择了生态城镇化。这种低质量现实突出表现在：

（1）欠发达地区城镇化水平低下。调研发现，欠发达地区的城镇化水平大多处于30% ~ 50%之间，部分小城市（镇）甚至低于30%，远远低于全国的平均水平，不可能在较短时间有较大提高。

（2）欠发达地区城镇化质量不高。欠发达地区的城镇化虽然有后发优势，近年来城镇化也有一个较大发展，但由于资金、技术、产业、规划、政策等的不足，造成资源浪费和环境破坏，城镇化质量不高。

（3）欠发达地区城镇化发展不协调。欠发达地区的城镇化水平参差不齐，除了省会城市和一些工业发达的区域面积小的城市城镇化水平较高外，其他大多较差，城镇建设还处在一个较低水平。

生态城镇化是一种适度城镇化，它的建设能很好地处理上述问题，提升欠发达地区城镇化的质量。

2.4.2　生态城镇化是欠发达地区城镇化质量发展未来的选择

城镇化发展的目标之一是城镇现代化。城镇现代化就是要使城镇化健康有序发展，城镇化格局更加优化，城镇发展模式更加科学合理，城镇生活更加和谐宜人，城镇化体制机制更加健全完善。② 这些与生态城镇化建设的目标是一致的。

欠发达地区农业人口多、人均资源相对较少、生态环境较为脆弱、城乡差距较为明显，城镇现代化道路还很漫长。城镇化发展也不可能

---

① 《中国建筑节能年度发展研究报告 2012》中数据显示，我国农村人均建筑能耗为1.5tec∕（ca·a），城市人均建筑能耗为4.4tec∕（ca·a）。

② 《国家新型城镇化规划（2014－2020 年）》中城镇化发展的规划目标。

走"先发展后治理"的老路。生态城镇化将生态文明理念融入城镇化进程，不但强调当前城镇化发展，而且更关注城镇化发展的可持续性。

生态城镇化注重地区之间的差异性发展，着力于发挥地区的特色与优势，科学地制定与区域资源环境承载能力相适应的城镇化规划，努力形成生态良好、功能定位准确、产业布局合理、区位优势明显的城镇化新格局。这种格局的城镇规模结构相对完善，中心城市辐射带动功能进一步增强，大中小城市数量协调，小城镇服务功能改善，城镇生活质量更高，能更好地推动欠发达地区协调发展。

生态城镇化要求能源结构现代化、产业高新低碳化、消费绿色生态化，这与欠发达地区城镇化发展基础也是相一致的。绿色生产、绿色消费和绿色发展对环境保护极为有利，一旦成为城镇经济生活的主流，欠发达地区的城镇基本公共服务将会更加到位，基础设施和公共服务设施将会进一步完善，消费环境将会更加安全、和谐与便利，相关法律法规将会更加健全与完备，生态环境也将会明显改善。[98]

总之，生态城镇化是体现欠发达地区城镇特色发展和更好统筹城乡发展的城镇化，是欠发达地区城镇化发展未来的选择。

2.5 基于系统动力学的区域城镇化质量影响因素分析

从上述分析不难发现，影响区域城镇化质量因素很多，但归根到底主要集中在城镇发展、产业发展、人民生活水平、城镇公共管理、城镇生态环境等几个方面。本书研究后把影响区域城镇化质量因素归结为城镇化的发展度、城镇化的持续度和城镇化的协调度三大类，共九个因素。其中，反映城镇化的发展度的主要指标有城镇化率、GDP和城镇居民人均可支配收入三个因素；反映城镇化的持续度的主要指标有碳生产力①、生态环境质量和社会固定资产投资净增长率三个因素；反映城镇化的协调度的主要指标有 GDP 含金量②、三产比和城镇公共服务三个因素。

对九个因素进行研究，并利用基于系统动力学的基模分析，这里可以从系统科学的角度构建城镇化质量影响因素的关系基模，如图 2.1 所示，其中共有 9×3＝27 条正反馈环（限于篇幅，这里不——列出），构成了区域城镇化质量影响因素富者愈富型基模。城镇化率、GDP 和城镇居民人均可支配收入可以促进城镇化的发展度，同时也会积极影响城镇化的持续度和城镇化的协调度，进而促进自身的进一步发展。也就是说，城镇化的发展度、城镇化的持续度和城镇化的协调度三大类因素相互影响的同时，各自内部也相互促进。

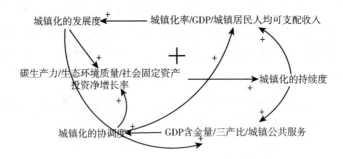

图 2.1　城镇化质量影响因素富者愈富基模

---

①　碳生产力指的是单位二氧化碳排放所产出的 GDP（国内生产总值），碳生产力的提高意味着用更少的物质和能源消耗产生出更多的社会财富。

②　GDP 含金量，即单位 GDP 人均可支配收入比值，又被称作"幸福指数"。2015 年 2 月，《中国经济周刊》旗下智囊机构中国经济研究院通过统计全国 31 个省份公布的 2014 年的最新经济数据，计算得出 2014 年 31 个省份 GDP 含金量排名。第一梯队（全国平均数之前）有 13 个省份：云南、安徽、江西、山西、广西、贵州、上海、四川、浙江、海南、甘肃、黑龙江。第二梯队有 9 个省份：湖南、河南、河北、广东、北京、湖北、重庆、宁夏、西藏、福建。第三梯队有 9 个省份：青海、新疆、辽宁、吉林、山东、陕西、江苏、内蒙古、天津。连续三年位居 GDP 含金量排行榜前三的上海、北京、广东意外跌出前三，北京、广东甚至到了第二梯队，落后于全国平均数。

2.6　城镇化质量三维关联模型

影响城镇化质量因素主要集中在城镇化的发展度、城镇化的持续度和城镇化的协调度上面。城镇化的发展度包括城镇建成区面积发展度（城镇大小）、城镇经济发展度、城镇科技文化发展度、城镇公共治理发展度等方面。一个城镇的城镇化质量的高低首先要看这个城镇化的发展水平，如城镇人口、产业的发展和城镇基础设施的建设。第一产业的发展给城镇的发展提供生产生活资源和城镇发展最重要的人。只有农村剩余劳动力不断地进入城镇，城镇才能不断发展壮大，城镇化水平才能不断提高。第二、第三产业的发展是城镇发展的重要支撑，为城镇化发展带来了所需的资金和就业机会。城镇基础设施的建设包括供电、供水、供气、供暖、通信、交通、住房、教育、文化和环保等方面的建设，是城镇化顺利发展的保障。

城镇化的持续度包括外部持续度和内部持续度两方面。外部持续度表现在维持、扩大和保护城镇化发展的资源基础等发展瓶颈的突破。内部持续度表现在城镇化所需人才储备、科技进步等发展瓶颈的突破。一方面通过物质资源的储备（对于自然资本的保持）；另一方面通过知识基础的储备（对于人力资本尤其是具有知识创新能力的保持），为城镇化可持续发展提供潜在的动力。

城镇化的协调度，是指城镇化系统内部各要素之间在发展过程中彼此和谐一致的程度，体现了城镇化系统有序、协调发展的趋势，保证了城镇化的良好可持续发展。城镇化的协调度包括收入协调度和支出协调度。城镇化的收入协调度主要表现在城镇三次产业发展方面。良好、健康、可持续的城镇化三产比是合适协调的，为城镇化发展提供资金来源。城镇化的支出协调度主要表现在城镇在生活、交通、能源、环保等城镇基础设施建设支出方面，包括人、财、物等各种形式的资源的支出。城镇建设资源的有限性决定了合理有效配置对于城镇化发展的重要性，这就突出了城镇化发展规划等的重要性。

总之，城镇化的发展度、城镇化的持续度和城镇化的协调度三者是相互联系、相互影响、密不可分的。可以说，城镇化的发展度是城镇化质量的基石，城镇化的持续度是城镇化质量的源泉，城镇化的协调度是城镇化质量的保证。为了更好地表示三因素间的关系，本书建立城镇化质量三维关联模型，如图2.2所示。

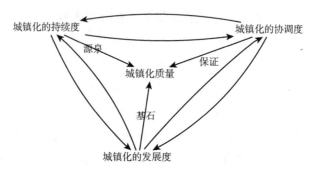

图2.2　城镇化质量三维关联模型

2.7　欠发达地区城镇化质量内涵界定和进程分类

2.7.1　欠发达地区城镇化质量内涵

从前面文献回顾分析可以发现，不同学者由于研究视角、研究方向、研究兴趣和自身所处的区域等不同，对城镇化质量内涵的分析与总结也是见仁见智。其中三种观点较为典型，得到大家认同。

一是学者孔凡文和许世卫（2006）研究认为，城镇化质量主要表现在城镇经济和社会的发展、产业结构的调整、基础设施的完善、科技文化的发展、生活方式的改变、环境质量的提高和社会保障的建立等方面。[99]

二是以专家魏后凯为首的中国社会科学院《城镇化质量评估与提升路径研究》创新项目组（2013）认为，城镇化质量是全面反映城镇化优劣程度的一个综合概念，包括在城镇化进程中各组成要素的发展质量、推进效率和协调程度，它是城镇化各构成要素和所涉及领域质量的集合。[100]

三是学者简新华等（2013）把城镇化质量比作城镇化的健康状况，认为具体体现在城镇化与工业化、农业现代化和经济发展的关系是否协调合理，人口非农化与人的城镇化和土地城镇化的关系是否协调合理，人的城镇化与城镇建设和管理是否协调合理，城乡差别和包括城镇化差别在内的地区差距是否缩小，城镇空间布局和数量规模结构是否协调合理，城镇的基础设施建设、住房、交通、环境、就业、教育、医疗、公共安全等状况如何，以人口膨胀、交通拥堵、环境恶化、住房紧张、就业困难、贫富两极分化、公共卫生恶化等为特征的"城市病"和以空心村、老弱化、贫困化、公共设施服务缺乏为特征的"农村病"情况是否突出等。如果上述关系或状况趋于协调合理，就是质量提高或者高质量健康的城镇化；否则就是质量下降或者低质量、病态的城镇化。[101]

对于发达地区，由于种种原因，如区位地域（东部沿海等地区）、国家扶持力度（相关国家战略层面的地区）、区域面积小（若干直辖市）、经济基础好等，其城镇化质量相对较高。这些决定性因素欠发达地区并不具有，但可以透过表面现象，找到决定城镇化质量的内生性和外生性因素。

综合现有文献和上述研究，本书认为，欠发达地区城镇化质量的内涵应当包括城镇化的发展度、持续度和协调度三个关联维度，包含经济发展、生态环境、社会发展、居民生活质量、城乡统筹等五大方面，它是城镇内部的和谐及与城镇外部的共生。当城镇内部形成一个和谐有机的整体，内部各要素间相互促进，相互协同，并通过同城镇外部良性合作与竞争，形成优势互补、整体联动的经济、社会和生态环境可持续发展的格局时，城镇化质量才能达到较高水平。

2.7.2 欠发达地区城镇化质量进程分类

众所周知，城镇化是伴随着工业化发展，非农产业和农村人口向城镇不断集聚的一个自然历史过程。它是国家现代化的重要标志之一，是人类社会向前发展的客观必然。城镇化的过程是一个国家经济结构、社会结构和生产生活方式发生根本性转变的过程，它涉及产业的转型与升级、城乡社会结构的全面调整、城镇基础设施的建设、社会公共治理和自然资源环境的利用与改造等诸多方面，是一个长期积累和漫长发展的渐进式过程。城镇化的发展要遵循其规律，研究世界各国城镇化进程不难发现大都经历了漫长的历史过程。

为了研究的方便，本书只选择 1978 年改革开放之后我国城镇化的数据进行研究，如表 2.5 所示。世纪交替的 2000 年，我国城镇化率达到了 36.2198%。在这之前，1999 年 7 月 23 日，美国经济学家约瑟夫·斯蒂格利茨[①]在北京召开的"城市发展高级圆桌会议"上发表演讲。他在讲话中把"中国的城镇化"与"美国的高科技"并列称为影响 21 世纪人类发展进程的两大关键因素。这一说法也因为他 2001 年获得了诺贝尔经济学奖而广为流传。

---

① 约瑟夫·斯蒂格格利茨（Joseph Eugene Stiglitz），美国经济学家，美国哥伦比亚大学校级教授（university professor），哥伦比亚大学政策对话倡议组织（initiative for policy dialogue）主席。他于 1979 年获得约翰·贝茨·克拉克奖（John Bates Clark Medal），2001 年获得诺贝尔经济学奖，2007 年获得诺贝尔和平奖。1993～1997 年，美国总统经济顾问委员会成员及主席，1997～1999 年，任世界银行资深副行长兼首席经济学家。2011～2014 年，任国际经济学协会主席。2014 年 12 月，提前出版的美国《名利场》杂志 2015 年 1 月号刊登他的文章《中国世纪》，引起全世界的关注和争论。文章指出，中国经济以拔得头筹之势进入 2015 年，并很可能长时间执此牛耳，即使不能永久保持。中国已经回到了它在人类历史上大多数时间里所占据的地位。

表 2.5　　　　　　　　1978～2014 年我国城镇人口及城镇化率变化

年份	总人口数（万人）	城镇人口数（万人）	城镇化率（%）	年份	总人口数（万人）	城镇人口数（万人）	城镇化率（%）
1978	96259	17245	17.9152	2001	127627	48064	37.66
1980	98705	19140	19.3911	2002	128453	50212	39.09
1985	105851	25094	23.7069	2003	129227	52376	40.53
1990	114333	30195	26.4097	2004	129988	54283	41.76
1991	115823	31203	26.9402	2005	130756	56212	42.99
1992	117171	32175	27.4599	2006	131448	58288	44.34
1993	118517	33173	27.9901	2007	132129	60633	45.89
1994	119850	34169	28.5098	2008	132802	62403	46.99
1995	121121	35174	29.0404	2009	133450	64512	48.34
1996	122389	37304	30.4799	2010	134091	66978	49.95
1997	123626	39449	31.9100	2011	134735	69079	51.57
1998	124761	41608	33.3502	2012	135404	71182	52.57
1999	125786	43748	34.7797	2013	136072	73111	53.73
2000	126743	45906	36.2198	2014	136782	74916	54.77

资料来源：《中国统计年鉴（2014）》。本表各年人口未包括香港、澳门特别行政区和台湾省的人口数据。2014 年数据来自国家统计局网上公布数据。

2.7.2.1　按发展阶段分类

城镇化水平的高低并不能完全代表城镇化质量的高低，只能在一定程度上反映城镇化的质量。结合我国城镇化发展和欠发达地区城镇化发展实际，并通过专家问卷调查与咨询方式，本书把欠发达地区城镇化质量进程按发展阶段分为初等城镇化、中等城镇化和高等城镇化三类。

（1）初等城镇化。按国际经验，城镇化率达到 30% 之前，城镇化加速的情况比较少，一般在 30%～60% 之间为城镇化快速发展阶段，达到 70% 之后通常会进入一个平稳的增长期。为了便于记忆，本书把欠发达地区城镇化率在 36% 之前都称之为初等城镇化时期。也就是说，在 2000

年以前我国城镇化质量整体就处在初等城镇化阶段。

欠发达地区初等城镇化主要表现还有，城镇化和经济水平都相对较低，城镇与外部环境发生交互较少，重在自身内部各要素间的互动，城镇外部资源如资金、技术、人才等都是通过被动输入方式进入城镇内部。

（2）中等城镇化。党的十八大描绘了"全面建设小康社会、加快推进社会主义现代化进程"的宏伟目标。根据这一精神，中央又明确提出实现中华民族伟大复兴的中国梦，其目标是到2020年国内生产总值和城乡居民人均收入在2010年基础上翻一番，全面建成小康社会。实现中华民族伟大复兴的中国梦和全面建设小康社会都要求城镇化率达到60%。为此，本书把欠发达地区城镇化率在36%～60%之间的时期称为中等城镇化时期，其时间节点可能为2000～2020年。

欠发达地区中等城镇化主要表现还有，城镇化和经济水平都处于一个中等层次水平，城镇各要素不仅在自身内部间互动，与外部环境发生交互也增多，城镇外部资源的输入方式也从被动向主动和被动联运方式转变。

（3）高等城镇化。本书把欠发达地区城镇化率高于60%的时期称为高等城镇化时期。研究显示，欠发达地区高等城镇化主要表现还有工业化、服务业水平相对较高，城镇居民生活水平较好，没有出现"贫民窟"等现象。

2.7.2.2 按发展模式分类

欠发达地区城镇化质量进程按发展模式又可分为冒进城镇化、逆城镇化、生态城镇化和非生态城镇化四类。

（1）冒进城镇化。许多学者研究发现，一般来说，当城镇化率低于60%时，我国城镇化率年均增长在0.6%～0.7%之间是较为合理的，超过这个范围，城镇发展相关联的产业、资源和环境支撑都会面临巨大的压力，造成的后果也是很严重的。[1] 例如，我国在1958～1960年"大跃

---

[1] 陆大道，姚士谋，刘慧，高晓路等.2006中国区域发展报告——城镇化进程及空间扩张 [M]. 北京：商务印书馆，2007.

进"时期的城镇化率年均增长达到 1.45%，当时大量农村人口进入城市，搞工业"大跃进"。当工业"大跃进"的泡沫破灭以后，也就是1961～1963 年，大批城市人口被遣返农村，城镇化率出现罕见的负增长，给我国国民经济基础和社会发展带来了严重的灾难。[102] 又如，从1995～2007 年，我国城镇化率每年的增长约在 1%～1.5% 之间（事实上，欠发达地区城镇化率年均增长更快，如江西省 1995～2007 年城镇化率增长约为 1.23%，如果考虑欠发达地区与发达地区城镇化变化的 3～7年的滞后期，江西大约是 5 年。江西 2000 年城镇化率为 27.69%，2012的城镇化率为 47.51%，年均增长约为 1.525%）。这一数据大大超过发达国家城镇化发展的进程速度。尽管在这一时期我国的工业产值、国内外投资和进出口贸易大幅增长，但城镇产业结构失衡、基础设施建设差和社会保障能力不足，特别是城镇空间的布局混乱，造成各种"城中村"现象，城镇空间过度扩张，"土地城镇化"严重，有城无市，大片土地荒芜，出现成片"鬼城"等。

城镇化过快增长称为冒进城镇化。造成冒进城镇化的原因是多方面的。考虑区域间的发展不平衡性，本书测算并研究后认为，欠发达地区城镇化率年均增长超过 1.5% 的称为冒进城镇化时期。

（2）逆城镇化。逆城镇化，一般是指由于交通拥挤、污染严重、房价高涨等"城市病"问题，城镇人口开始向郊区、小城镇或农村回流，投资方向从大城市转向小城镇与乡村地区，出现了城镇经济衰落的现象，市区出现"空心化"，以人口集中为主要特征的城镇化由此发生逆转。

经过测算和研究分析，本书把欠发达地区城镇化率低于 65% 且年增长低于 0.1% 或城镇化率高于 70% 且年增长为负的时期称为欠发达地区逆城镇化时期。逆城镇化一般出现在城镇化较高的大城市中。一则欠发达地区经济水平不高，大城市生活压力大；二则欠发达地区小城镇与乡村地区生态环境较好，对有一定经济实力的人有吸引力。欠发达地区逆城镇化造成城镇经济的衰退，这种衰退在城镇的中心地区显得特别明显。与此同时，乡村地区人口却因此比以前增加，经济上升明显，但环境也随之影响。

（3）生态城镇化与非生态城镇化。生态城镇化前面已有相关详细分析，这里不再赘述。非生态城镇化是相对生态城镇化而言的，它是当前城镇化质量发展的主流。非生态城镇化发展下，城镇化按正常速度发展，但城镇化质量较差，产业发展方式不合理，"城镇病"现象存在等。

欠发达地区城镇化质量进程分类总结如表2.6所示。上述分析不难发现，一个区域的城镇化质量可能处于其中几个进程中。

表2.6   欠发达地区城镇化质量进程分类

城镇化质量进程		主要特征	时间节点（可能）
按发展阶段分	初等城镇化	城镇化率低于36%	2000年前
	中等城镇化	城镇化率介于36%~60%	2000~2020
	高等城镇化	城镇化率高于60%	2020年后出现
按发展模式分	冒进城镇化	城镇化率年均增长超过1.5%	1997~2020
	逆城镇化	城镇化率低于65%且年增长低于0.1%或城镇化率高于70%且年增长为负	2020年后出现
	生态城镇化	人的城镇化，城镇现代化，城乡生态化，城乡一体化，具体表现在能源结构现代化、产业高新低碳化、消费绿色生态化	2016年后出现
	非生态城镇化	按正常速度发展，但城镇化质量较差，产业发展方式不合理，"城镇病"现象存在	长期存在

第3章 欠发达地区城镇化质量测度研究^①

城镇化是一个动态的发展过程，包括数量和质量两方面的变化。城镇化数量的变化主要体现在农村人口向城镇的集聚，使得城镇人口的增加。城镇化质量的变化包括：人们的生活方式和思想观念的改变，经济发展方式不断转变，生活环境进一步优化，居民生活质量不断提升，基础设施更加完善，社会发展更加迅速，城乡差距进一步缩小，最终实现城乡一体化的目标。对欠发达地区城镇化质量进行测度与评价对于区域协调发展意义重大。

3.1 欠发达地区城镇化质量评价指标体系的构建

近些年来，与城镇化发展质量评价相近的指标体系有来自相关政府方面的，如原建设部"国家园林城市"、全国文明委"全国文明城市"等奖项评比的指标体系；也有来自相关科研机构的，如中科院（2006）的《中国宜居城市研究报告》、城市科学研究会（2007）的《宜居城市科学评价标准》等。分析不难发现，这些评价指标体系大都是针对城市层面进行的，不涉及区域层面。城市层面的城镇化质量重点应当在城市建设、综合环境、公共服务等方面，区域层面的城镇化质量则更多应当

① 本章主要内容已发表：余达锦. 欠发达地区城镇化发展质量测度研究 [J]. 当代财经，2015（12）：3 – 13.

关注经济发展、生态环境和城乡统筹等方面。

从区域层面上看，欠发达地区与发达地区的城镇化发展有共性，但也存在着不同，故它们城镇化质量的测度也应存在不同，主要反映在一些指标的选取和相同或类似指标的重要程度上。如欠发达地区城镇化发展更重视人的城镇化，强调人们生活水平的提高、生态环境的保护、城乡一体化等。两类地区的城镇化发展评价指标应当存在差异性，不能共用一套标准。此外，随着城镇化的不断深入发展，城镇化质量的评价应当体现动态性。现阶段，发达地区已经进入高级城镇化或逆城镇化发展阶段，出现了不少发展上的问题，如城镇病、区域间发展差距极不合理等。欠发达地区的大部分区域也正处于中级城镇化向高级城镇化发展阶段，更应当关注产业结构的调整升级、资源的集约利用、生态环境的保护、公共服务的供给和区域发展空间优化布局等。

因此，要想准确地评价欠发达地区城镇化质量，对指标的选取和计算，必须涉及社会发展、经济发展、居民生活质量、生态环境、城乡统筹等方面。经济发展是城镇化的物质基础，为欠发达地区城镇化提供资金支持，推动城镇化的发展。社会发展是指坚持以人为本，完善基础设施，增强欠发达地区城镇的公共服务等方面的能力。居民生活质量是欠发达地区城镇化发展的目的，体现了居民对生活的满意程度。生态环境是欠发达地区城镇可持续发展的保障。城乡统筹是欠发达地区城镇化发展的终极目标，反映了城镇与农村协调发展的程度。

3.1.1 指标体系建立的基本原则

指标体系的建立要遵循以下基本原则：

（1）以人为本原则。城镇的产生就是为了满足人们在物质文明和精神文明等方面的需求。因此，指标的选取必须坚持以人为本的原则，能够客观地反映居民生活质量、文化教育、社会福利等方面的真实情况，充分体现人与自然、人与社会的和谐共处。

（2）可操作性原则。指标的可操作性体现在以下几个方面：一是选取的评价城镇化质量的指标数据获取要比较方便，如可以从统计年鉴或者权威书籍中直接获得；二是对于不能直接获得的数据，应当可以通过已知的数据进行简单计算与处理得到。因为如果数据难以获得，无形中增加了经济成本，降低了研究成果的价值。

（3）科学性原则。首先，要尽量选择一些具有代表性、公认度较高的指标，既不因为过多的指标造成过程的烦琐，也不因为过少的指标造成城镇化质量相关信息的遗漏；其次，指标体系的构建要以所掌握的城镇化发展理论为基础，这样构建的体系才更科学，更容易得到人们的认可；最后，有些数据不易得到，需要进行一些必要的计算，这就要保证计算方法、过程的可行性与科学性等。

（4）全面性原则。城镇化质量涉及经济发展、社会发展、生态环境、居民生活质量、城乡统筹的各个方面，而且各方面是相互影响、相互促进的。因此，本书在评价城镇化质量时，尽可能地从不同层面选取指标，以保证指标体系的全面。

（5）可持续发展原则。可持续发展是判断城镇化质量的重要依据，因此选取的指标应体现这一原则。它要求人们在日常生活使用资源的过程中，以生态优先为原则，用可再生资源替代不可再生资源，减少不可再生资源的使用，并提高资源利用率。[103]

3.1.2　城镇化质量评价指标体系的基本框架

3.1.2.1　选取城镇化质量评价指标

城镇化质量涉及众多方面，选取合适的指标，有利于对欠发达地区城镇化质量进行准确的评价。从城镇化的发展进程看，城镇发展先后经历了农业社会、工业社会、信息社会等几个阶段。虽然近年来欠发达地区城镇建设成效显著，但是也出现了环境污染、生态质量下降、城市拥挤等问题。与此同时，人们越来越重视城镇化质量，对人居环境及自身的生存状态要求越来越高，"宜居城市"的概念逐步进入人们的视野，宜居城市评价标准也由最初的几个指标，发展成如今较为完善的评价标准体系。由于城镇化建设与宜居城市建设之间互为因果关系，这里可以通过测量宜居城市建设的各项指标，来大概地判断一个城市的城镇化质量。根据指标体系构建所要遵循的以人为本原则、可操作性原则、科学性原则、全面性原则和可持续发展原则等，结合"发展度、持续度和协调度"城镇化质量三维关联模型，对相关文献梳理并研究后，本书认为，欠发达地区城镇化质量评价指标体系应包括三级指标：一级指标代表着总体指标，即城镇化质量综合指数，反映了城镇化质量的总体水平。二级指标包含经济发展、生态环境、社会发展、居民生活质量、城乡统筹等五大方面，可以从不同的角度评价城镇化质量水平。三级指标是基础指标，共有 36 个指标，可更细致地对欠发达地区城镇化质量进行评价。

（1）经济发展指标。一个地区的城镇化水平受多种因素的影响，但在在众多因素中，经济发展水平与城镇化水平之间的关系最为密切，两者之间呈现出一种正相关的关系。经济发展水平是衡量一个地区经济发展状态、潜力的标志，它是城镇化发展的根本动力，更是宜居城市的物质保证。反映一个地区经济发展水平常用的测度指标有：GDP 含金量，第二和第三产业在 GDP 中所占的比重，单位 GDP 能耗，各地区固定资产投资增长速度，工业用电量，人均公共财政预算收入，人均公共财政预算支出等，这些指标都是正指标。GDP 是衡量经济发展水平的核心指标。当一个地区经济发展水平高时，这个地区所创造的 GDP 就多，与此同时，为创造这么多 GDP 所消耗的能源也随之增加。一个地区固定资产投资增长速度越快，这个地区的经济发展水平就越高。一个地区工业、服务业越发达，就业人数会随之增加，所创造的经济收益会越多，经济发展水平也相应地提高。当一个地区经济发展水平达到一定程度时，会有更多的资金用于公共财政预算的支出。

（2）生态环境指标。近年来，随着城镇化进程的加快，造成了对水资源、土地资源的不合理利用，使各地区面临的环境问题日益突出，而且城市越大，问题就越严重。生态环境的优劣已成为制约经济发展的重要因素，直接影响着城镇化质量，是城市是否宜居的决定性因素之一。本书选取工业用水重复利用率、工业固体废物综合利用率、森林覆盖率、环境空气优良天数比例、人均公园绿地面积、城市建成区绿化覆盖率、森林虫害防治率等指标，对城镇化质量进行评价。工业废弃物综合利用率越高，工业产生的"三废"越少，对环境的破坏就越弱。对一个地区的居民来说，好的居住环境体现在城市建成区的绿化覆盖率、工业绿地面积等方面，这些指标越高，说明该地区城镇化质量也越高。

（3）社会发展指标。社会发展水平的高低是城镇化质量好坏的具体体现。不断提高社会发展水平一直是城镇化发展的核心任务之一，也是宜居城市的主要影响因素之一。本书主要从与城镇居民息息相关的科教、交通、医疗卫生等公共建设的方方面面，选取合适的指标，综合评估一个地区的社会发展水平。选取的指标包括：人均财政教育支出、人均财政社会保障和就业支出、人均财政医疗卫生支出、万人拥有出租车车辆、万人公共图书馆藏书、千人拥有医生数、人均生活用电量等。一个地区在教育、社会保障和就业、医疗卫生方面的支出，是衡量这个地区社会发展水平的重要标志，财政支出越多，说明这个地区的社会发展水平越高。公共图书馆藏书的数目，可以反映这个地区对教育事业的重视程度，藏书数目越多，这个地区社会发展水平越高。另外，一个地区千人拥有的医生数，也可以体现这个地区的社会发展水平。

（4）居民生活质量指标。居民生活水平是指城镇居民为了满足物质、文化生活需要，对社会产品和劳务的消费程度，体现了居民对生活的满意程度。一个地区居民生活质量是宜居城市最核心的影响因素，也是最重要的决定性因素之一。居民对生活质量的高低体现在衣、食、住、行的各个方面，故其具体评价指标包括：城市用水普及率、燃气普及率、人均城市道路面积、城镇人均每年可支配性收入、人均储蓄存款年末余额、城镇居民人均居住面积等指标。收入是影响生活质量的最重要的因素，如果居民每年有足够多的可支配性收入，那么居民可以利用这笔钱购买生活必需品和奢侈品，从而提高日常生活质量。人均消费支出的增加，说明人们更加注重享受，居民生活水平也会随之提高。另外，如果日常生活设施越完备，居民对生活的满意程度也会越高。

（5）城乡统筹指标。城镇化的发展不仅关系到城镇居民的切身利益，也关系到农村居民的切身利益，因此在评价一个地区是否适宜居住时，应把城镇和农村作为一个整体来考虑，把城镇化进程中存在的问题综合起来统筹解决。因此，城乡一体化的实现程度也是判断一个地区是否为宜居城市的主要影响因素之一。城乡统筹具体的指标包括：城镇化率、城乡居民消费支出比、城乡居民消费水平比、城乡社会消费品零售总额比、城乡居民生活用水量比、城乡居民人均居住面积比。对于正指标，数值越高，说明城乡差距越小，城镇化质量越高。对于逆指标则反之。

3.1.2.2　城镇化质量评价指标归属分析

根据上一章"发展度、持续度和协调度"城镇化质量三维关联模型，可对上述 36 个指标进行发展度、持续度和协调度的归属分析。

（1）发展度指标。区域经济的不断进步与发展是一个地区城镇化质量提升的动力，社会的快速稳定发展是一个地区城镇化质量提升的基础，居民生活质量不断提高是一个地区城镇化质量提升的标志。因此，从发展度角度来看，城镇化质量主要包括经济发展质量、社会发展质量及居民生活质量这三个不同的大方面。而一个地区经济发展水平可以使得公众大体上对当地的城镇化建设投资的情况进行了解。城镇化进程是社会向更高级形态的演进和转变过程。城镇化质量的提升更加注重人的城镇化，注重实现人的全面发展。人的全面发展只有在和谐的社会中才能充分实现，社会发展是城镇化质量提升的核心任务之一。因此，经济发展指标的全部子指标、社会发展指标的全部子指标和居民生活质量指标的全部子指标都应归属发展度指标。也就是说，在设定的评价指标体系中，与发展度密切相关的指标共有23个。

（2）持续度指标。从持续度角度看，城镇化质量主要反映在经济可持续发展、社会可持续发展和生态环境可持续发展等方面。这些方面的发展又涉及资本的投入和资源的合理利用上。实际上，城镇生产生活的物质基础就是资源环境。城镇化质量的提升不能和资源及环境的合理利用相脱节。然而令人遗憾的是，当前城镇盲目扩张现象严重，土地城镇化大大高于人的城镇化。社会资本投入城镇建设增加，但对于资源和环境的利用重视不足，造成了生产生活上的大量浪费，产生了严重的环境污染问题。另外，教育和社会保障等对一个城镇的可持续发展意义重大。因此，除生态环境指标的全部7个子指标外，经济发展指标中的GDP含金量、第二和第三产业在GDP中所占的比重、单位GDP能耗、各地区固定资产投资增长速度、人均公共财政预算支出6个子指标和社会发展指标中的子指标人均财政教育支出、人均财政社会保障和就业支出、万人公共图书馆藏书等3个子指标也应归属持续度指标。这样，与持续度密切相关的指标共有16个。

（3）协调度指标。从协调度角度看，城镇化质量主要涉及城乡统筹、产业结构，以及城镇公共建设和服务等方面。城乡统筹就是平衡城乡之间的发展进程，充分发挥工业对农业的支持和反哺作用、城市对农村的辐射和带动作用，建立以工促农、以城带乡的长效机制，促进城乡协调发展。城乡统筹使得农村地区的居民也可以享受到比较好的公共服务，同时把农村发展和城市发展中出现的问题，综合起来统筹解决。产业结构和城镇公共建设的协调合理，可使得城市及乡村之间的二元结构得以打破，进一步减小农村和城市之间的差别，让农村地区的剩余劳动力向城市转移，实现城乡一体化的终极目标。因此，除社会发展和城乡统筹指标的全部子指标外，经济发展指标中的第二和第三产业在GDP中所占的比重、单位GDP能耗、各地区固定资产投资增长速度、人均公共财政预算支出5个子指标、生态环境指标中的人均公园绿地面积和城市建成区绿化覆盖率2个子指标，以及居民生活质量指标中的城市用水普及率、燃气普及率、人均城市道路面积、城镇居民人均居住面积4个子指标也应归属协调度指标。这样，与协调度密切相关的指标共有24个。

上述分析表明，大部分子指标与城镇化发展度、持续度和协调度相关，仅从发展度、持续度和协调度这三个层面来进行城镇化质量评价存在欠缺。这也进一步验证了从经济发展、生态环境、社会发展、居民生活质量和城乡统筹等五大方面进行评价的合理性。

3.1.2.3 指标权重计算

本书选用层次分析法求出每个指标的权重，步骤如下。

第一，城镇化质量评价指标体系中每个指标在评价过程中所占的比重是不一样的，这里根据表3.1中给出的判断矩阵标度（1－9标度法）得到相应的判断矩阵。

表3.1　　　　　　　　　　　判断矩阵标度及其相关含义

标度	相关含义
1	表示两个因素相比，具有相同的重要性
3	表示两个因素相比，前者比后者稍为重要
5	表示两个因素相比，前者比后者明显地重要
7	表示两个因素相比，前者比后者强烈地重要
9	表示两个因素相比，前者比后者极端地重要
2，4，6，8	表示上述相邻判断的中间值
倒数	若因素 x_i 和因素 x_j 对 z 的影响之比为 a_{ij}，则 x_i 和 x_j 对 z 的影响之比为 $a_{ji} = 1/a_{ij}$

第二，计算权重，公式为：

$$w_1 = \frac{(\prod_{j=1}^{n} a_{ij})^{\frac{1}{n}}}{\sum_{k=1}^{n} (\prod_{j=1}^{n} a_{kj})^{\frac{1}{n}}}, \quad (i=1,2,\cdots,n) \tag{3.1}$$

第三，采用方根法，先求出判断矩阵的最大特征值和特征向量，再根据特征值来计算出一致性指标 *CI*，公式为：

$$CI = \frac{\lambda_{\max} - n}{n - 1} \tag{3.2}$$

其中，

$$\lambda_{\max} = \sum_{i=1}^{n} \frac{(AW)_i}{nw_i} = \frac{1}{n} \sum_{i=1}^{n} \frac{\sum\limits_{j=1}^{n} a_{ij} w_j}{w_i} \tag{3.3}$$

第四，计算一致性比例 *CR*，公式为：

$$CR = \frac{CI}{RI} \tag{3.4}$$

其中，*RI* 可以通过查询平均随机一致性指标得到。

第五，对矩阵的一致性进行检验。当 *CR* < 0.1 时，一般认为判断矩阵具有相对满意的一致性。否则，就需要对先前的判断矩阵进行进一步修正，直到判断矩阵通过一致性检验。

3.1.3　构建欠发达地区城镇化质量评价指标体系

结合上述分析，这里构建欠发达地区城镇化质量评价指标体系，具体指标如表 3.2 所示。有些指标如 GDP 含金量、环境空气优良天数比例等为首次应用在评价体系中。根据欠发达地区发展实际，便于比较不同规模城市的城镇化质量，这里大多数指标均采用人均指标。这些指标中大部分指标数据可直接从相关统计年鉴中得到，少数指标则需要进行简单计算得到。例如，GDP 含金量 = 人均可支配性收入/人均 GDP，即人均 GDP 可支配性收入。人均可支配收入可以是近似值，其具体的计算方法一般采用：（城镇人均可支配收入 + 农民人均纯收入）×城镇化率 = 人均可支配收入近似值。城镇人均可支配收入、农民人均纯收入、城镇化率、人均 GDP 等可直接从相关统计年鉴上查到。城市用水普及率是指城市非农业用水人口数与城市非农业人口数之比，它一般在各地年鉴城市建设中城市公用事业和建设基本情况中可以找到，部分在各地历年国民经济和社会发展统计公报中也能查到。另外，城乡统筹指标中用到了农村居民生活用水，这个指标数据年鉴中无法查到，我们选择了 40 个（每地区 2 个，江西 22 个，广西 28 个）有代表性的村庄进行了随机入户调查，后对调查数据进行整理和统计分析的基础上得到指标数据，这也是现有文献[104]研究中通常采用的方法。

表 3.2   欠发达地区城镇化质量评价指标体系

城镇化质量	经济发展指标 0.1433	GDP 含金量 0.33
		第二产业所占 GDP 比重 0.22
		第三产业所占 GDP 比重 0.13
		单位 GDP 能耗 0.17
		各地区固定资产投资增长速度 0.03
		工业用电量 0.08
		人均公共财政预算收入 0.02
		人均公共财政预算支出 0.02
	生态环境指标 0.3158	工业用水重复利用率 0.1571
		一般工业固体废物综合利用率 0.249
		森林覆盖率 0.043
		环境空气优良天数比例 0.3537
		人均公园绿地面积 0.1024
		建成区绿化覆盖率 0.0667
		森林虫害防治率 0.0291

续表

城镇化质量	社会发展指标 0.0676	人均财政教育支出 0.0682
		人均财政社会保障和就业支出 0.3538
		人均财政医疗卫生支出 0.1047
		千人拥有医生数 0.2351
		人均生活用电量 0.1606
		万人拥有出租车车辆 0.0466
		万人公共图书馆藏书 0.031
	居民生活质量 0.2328	人均日生活用水量 0.05
		城市用水普及率 0.23
		燃气普及率 0.16
		人均城市道路面积 0.03
		城镇人均每年可支配性收入 0.33
		人均储蓄存款年末余额 0.07
		城镇居民人均消费支出 0.11
		城镇居民人均居住面积 0.02
	城乡统筹指标 0.2406	城镇居民消费支出/农村居民消费支出 0.17
		城镇居民消费水平/农村居民消费水平 0.32
		城镇社会消费品零售总额/农村社会消费品零售总额 0.09
		城镇居民生活用水/农村居民生活用水 0.12
		城镇居民人均居住面积/农村居民人均居住面积 0.06
		城镇化率 0.24

注：指标后边的数字表示各指标所占的权重，通过结合问卷调查法和层次分析法得到。

　　结合问卷调查、专家咨询和层次分析法可求出每个指标的权重。需要指出的是，这里建立的指标虽然对于发达地区城镇化质量评价也有借鉴作用，但相关权重的计算方式和方法上有着较大的不同。两类地区即使同一个指标从相关问卷中得到的赋值数据也是不同的，计算出来权重也就不一样了。

3.2 欠发达地区城镇化质量评价研究——以江西省为例

3.2.1 基于主成分分析法的欠发达地区城镇化质量评价研究——以江西省为例

3.2.1.1 主成分分析法介绍

（1）主成分分析的概念。在研究实际问题时，为了全面系统地解决问题，往往需要考虑众多的影响因素。在众多影响因素中，有的因素之间存在着相关性，即所反映的某些信息在一定程度上有重叠，这就会在无形中增加了计算量。因此人们主张用较少的综合指标去解释原有指标所包含的绝大部分信息，这就使复杂的问题变得相对简单，而且这些较少的综合指标之间互不相关。主成分分析法由于方法简单易懂，在众多的领域都得到广泛应用。

主成分分析（principal component analysis，PCA）又称主分量分析，是将多个变量通过线性变换以选出较少个数重要变量的一种多元统计分析方法。这几个重要变量能最大程度上反映研究对象的某些信息。信息的大小通常用离差平方和或方差来衡量。

（2）主成分分析的基本原理。假设现在有 n 个样本，每个样本含有 p 个变量，这就构成了一个 $n \times p$ 阶的矩阵：

$$X = \begin{bmatrix} x_{11} & x_{12} & \cdots & x_{1p} \\ x_{21} & x_{22} & \cdots & x_{2p} \\ \vdots & \vdots & & \vdots \\ x_{n1} & x_{n2} & \cdots & x_{np} \end{bmatrix} \quad (3.5)$$

记原来的指标为 $x_1, x_2, \cdots, x_p$，对它们进行降维后，得到综合指标 $z_1, z_2, \cdots, z_m (m \leqslant p)$，则：

$$\begin{cases} z_1 = l_{11}x_1 + l_{12}x_2 + \cdots + l_{1p}x_p \\ z_2 = l_{21}x_1 + l_{22}x_2 + \cdots + l_{2p}x_p \\ \qquad\qquad \cdots\cdots \\ z_m = l_{m1}x_1 + l_{m2}x_2 + \cdots + l_{mp}x_p \end{cases} \tag{3.6}$$

系数 l_{ij} 的确定原则如下：

① z_i 与 $z_j (i \neq j, j = 1, 2, \cdots, m)$ 相互无关；

② z_1 是 $x_1, x_2, \cdots, x_p$ 所有线性组合中方差最大的，z_2 是与 z_1 不相关的 $x_1, x_2, \cdots, x_p$ 所有线性组合中方差最大的，z_m 是与 $z_1, z_2, \cdots, z_{m-1}$ 都不相关的 $x_1, x_2, \cdots, x_p$ 所有线性组合中方差最大的。

新得到的综合指标 $z_1, z_2, \cdots, z_m$ 分别称为原指标 $x_1, x_2, \cdots, x_p$ 的第 1 个、第 2 个⋯⋯第 m 个主成分。

从以上的分析可以得到，主成分分析法实际上就是确定原指标 x_j $(j = 1, 2, \cdots, p)$ 在各主成分 $z_i (i = 1, 2, \cdots, m)$ 上的荷载 $l_{ij} (i = 1, 2, \cdots, m; j = 1, 2, \cdots, p)$，用数学概念解释就是，相关矩阵 m 个特征值所对应的特征变量。

（3）主成分分析的计算步骤。

第一步，对指标原始数据进行标准化。在应用主成分分析法分析实际问题时，往往因为不同指标数据的量纲不同，造成指标的不可比性，从而对分析结果造成影响，因此我们需要对数据进行标准化处理。标准化的计算公式为：

$$x_{ij} = \frac{x_{ij} - \overline{x_j}}{s_j} \ (i = 1, 2, \cdots, n; j = 1, 2, \cdots, p) \tag{3.7}$$

其中，$s_j = \sqrt{\dfrac{1}{n-1} \sum\limits_{i=1}^{n} (x_{ij} - \overline{x_j})^2}$；$\overline{x_j}$ 代表着第 j 个指标的样本均值；而 s_j 代表着第 j 个指标的样本标准差。

针对逆向指标，通常学者都是采用公式：

$$f(x_i) = \frac{1}{x_i} \tag{3.8}$$

来进行指标正向化处理。这里通过验证，结果较为合理，也采用这一方法。

第二步，计算相关系数矩阵。根据进行过标准化处理后的数据矩阵，计算相关系数矩阵：

$$R = \begin{bmatrix} r_{11} & r_{12} & \cdots & r_{1p} \\ r_{21} & r_{22} & \cdots & r_{2p} \\ \vdots & \vdots & & \vdots \\ r_{p1} & r_{p2} & \cdots & r_{pp} \end{bmatrix} \tag{3.9}$$

其中，$r_{ij}(i,j = 1,2,\cdots,p)$ 是 x_i 与 x_j 的相关系数，计算公式为：

$$r_{ij} = \frac{\sum_{k=1}^{n}(x_{ki} - \overline{x_i})(x_{kj} - \overline{x_j})}{\sqrt{\sum_{k=1}^{n}(x_{ki} - \overline{x_i})^2 \sum_{k=1}^{n}(x_{kj} - \overline{x_j})^2}} \tag{3.10}$$

第三步，计算特征值与特征向量。解系数矩阵 R 的特征方程 $|\lambda I - R| = 0$，一般采用雅克比法求特征值，然后对结果进行排序 $\lambda_1 \geqslant \lambda_2 \geqslant \cdots \geqslant \lambda_p \geqslant 0$；分别求出各特征值所对应的特征向量 e_i，要求所有行特征向量的平方和为 1，其中 e_{ij} 表示向量 e_i 的第 j 个分量。

第四步，选取主成分，并计算综合得分。根据公式计算出相关主成分的贡献率和累计贡献率，计算公式分别为：

贡献率：

$$\lambda_i \bigg/ \sum_{k=1}^{p} \lambda_k \quad (i = 1,2,\cdots,p) \tag{3.11}$$

累计贡献率：

$$\sum_{k=1}^{i} \lambda_k \bigg/ \sum_{k=1}^{p} \lambda_k \quad (i=1,2,\cdots,p) \tag{3.12}$$

主成分的贡献率越大，说明主成分指标反映的信息能力越强，一般选取累计贡献率达 80% 以上的特征值。用各子系统主成分因子载荷矩阵中的数据写出线性表达式，代入指标数据，得到各主成分的得分，用公式表示：

$$\begin{cases} F_1 = a_{11}x_{11} + a_{21}x_{12} + \cdots + a_{p1}x_{1p} \\ F_2 = a_{12}x_{21} + a_{22}x_{22} + \cdots + a_{p2}x_{2p} \\ \qquad \cdots\cdots \\ F_k = a_{1k}x_{k1} + a_{2k}x_{k2} + \cdots + a_{pk}x_{kp} \end{cases} \tag{3.13}$$

其中，F_i 表示累计贡献率达到 80% 以上的前 k 个主成分；$X_i = [x_{1i}, x_{2i}, \cdots, x_{ni}]'$ 指的是标准化后的指标数据。

第五步，根据特征值比重求出各子系统的综合得分，计算公式为：

$$F = \sum_{i=1}^{k} w_i F_i \tag{3.14}$$

其中，w_i 为各主成分的权重。[105]

3.2.1.2　江西省城镇化质量评价

作为农业大省的江西地处中国中部，产业结构不合理，经济总量不高，出口、内需和投资与东部发达地区都存在较大差距，经济发展相比来说较为落后，属于典型的欠发达地区。这里以江西省城镇化发展为例进行实证研究，相关数据主要来源于 2014 年江西统计年鉴。

（1）提取主成分。运用 SPSS 软件，对标准化后的各子系统数据进行主成分分析，计算出各主成分的相关特征值、方差贡献率、累计方差贡献率，如表 3.3 ~ 表 3.7 所示。

由以表 3.3 ~ 表 3.7 可知：①对经济发展指标，选取特征值大于 1 的前两个主成分，且累计方差贡献率达到 76.30%，就可以解释该子系统的大部分信息。因此，只要求出这两个主成分的综合得分，就可以得出各地级市的经济发展水平排名。②对生态环境指标，选取特征值大于1的前3个主成分，且累计方差贡献率达到73.23%，可以解释该子系统的大部分信息。因此，只要求出这3个主成分的综合得分，就可以得出各地级市的生态环境质量排名。③对社会发展指标，选取特征值大于1的前2个主成分，且累计方差贡献率达到75.94%，可以解释该子系统的大部分信息。因此，只要求出这2个主成分的综合得分，就可以计算出各地级市的社会发展排名。④对居民生活质量指标，选取特征值大于1的前2个主成分，且累计方差贡献率达到80.66%，可以解释该子系统的大部分信息。因此，只要求出这2个主成分的综合得分，就可以得出各地级市的居民生活质量水平排名。⑤对城乡统筹指标，选取特征值大于1的前2个主成分，且累计方差贡献率达到79.778%，可以解释该子系统的大部分信息。因此，只要求出这2个主成分的综合得分，就可以得出各地级市的城乡统筹水平排名。

表3.3　　经济发展指标对应的相关特征值和方差贡献率

成分	初始特征值			提取平方和载入		
	合计	方差的（%）	累计（%）	合计	方差的（%）	累计（%）
1	4.525	56.561	56.561	4.525	56.561	56.561
2	1.579	19.738	76.299	1.579	19.738	76.299
3	0.802	10.026	86.325			
4	0.560	7.006	93.331			
5	0.427	5.335	98.666			
6	0.062	0.769	99.435			
7	0.034	0.419	99.854			
8	0.012	0.146	100.000			

表 3. 4　　　　　　生态环境指标对应的相关特征值和方差贡献率

成分	初始特征值			提取平方和载入		
	合计	方差的（%）	累计（%）	合计	方差的（%）	累计（%）
1	2.322	33.170	33.170	2.322	33.170	33.170
2	1.541	22.010	55.180	1.541	22.010	55.180
3	1.264	18.051	73.231	1.264	18.051	73.231
4	0.947	13.535	86.766			
5	0.702	10.028	96.794			
6	0.212	3.028	99.822			
7	0.012	0.178	100.000			

表 3. 5　　　　　　社会发展指标对应的相关特征值和方差贡献率

成分	初始特征值			提取平方和载入		
	合计	方差的（%）	累计（%）	合计	方差的（%）	累计（%）
1	4.096	58.512	58.512	4.096	58.512	58.512
2	1.220	17.424	75.936	1.220	17.424	75.936
3	0.757	10.818	86.754			
4	0.485	6.925	93.679			
5	0.304	4.340	98.019			
6	0.117	1.667	99.686			
7	0.022	0.314	100.000			

表 3. 6　　　　　居民生活质量指标对应的相关特征值和方差贡献率

成分	初始特征值			提取平方和载入		
	合计	方差的（%）	累计（%）	合计	方差的（%）	累计（%）
1	4.356	54.449	54.449	4.356	54.449	54.449
2	2.097	26.209	80.658	2.097	26.209	80.658
3	0.674	8.426	89.084			
4	0.579	7.238	96.322			

成分	初始特征值			提取平方和载入		
	合计	方差的（%）	累计（%）	合计	方差的（%）	累计（%）
5	0.154	1.923	98.245			
6	0.075	0.943	99.188			
7	0.055	0.683	99.871			
8	0.010	0.129	100.000			

表3.7 城乡统筹指标对应的相关特征值和方差贡献率

成分	初始特征值			提取平方和载入		
	合计	方差的（%）	累计（%）	合计	方差的（%）	累计（%）
1	3.705	61.755	61.755	3.705	61.755	61.755
2	1.081	18.024	79.778	1.081	18.024	79.778
3	0.982	16.372	96.150			
4	0.190	3.167	99.317			
5	0.039	0.655	99.973			
6	0.002	0.027	100.000			

（2）确定各子系统的得分并计算综合得分。先根据各指标对应的得分系数矩阵，运用公式（3.13）得到各主成分的线性表达式，再运用公式（3.11）和公式（3.12）计算出各主成分在各子系统中所占的权重，最后利用公式（3.14）计算出各子系统的综合得分。具体过程如表3.8～表3.12所示。

表3.8 经济发展指标对应的得分系数

指 标	成 分	
	1	2
GDP 含金量	−0.206	−0.073
第二产业所占 GDP 比重	0.191	−0.179
第三产业所占 GDP 比重	0.001	0.555

续表

指　　标	成　分	
	1	2
各单位 GDP 能耗	0.138	0.119
各地区固定资产投资增长速度	−0.178	0.026
工业用电量	−0.026	0.518
人均公共财政预算收入	0.213	0.050
人均公共财政预算支出	0.213	0.046

由表3.8可得经济发展指标各主成分的线性表达式，即主成分的得分函数为：

$$F_1 = -0.206x_1 + 0.191x_2 + 0.001x_3 + 0.138x_4 - 0.178x_5 - 0.026x_6$$
$$+ 0.213x_7 + 0.213x_8$$

$$F_2 = -0.073x_1 - 0.179x_2 + 0.555x_3 + 0.119x_4 + 0.026x_5 + 0.518x_6$$
$$+ 0.05x_7 + 0.046x_8$$

利用公式（3.11）和公式（3.12），可以得到经济发展指标各主成分在子系统中所占的权重分别为 0.7413 和 0.2587。因此，经济发展指标综合得分函数为：

$$F_{经} = 0.7413F_1 + 0.2587F_2$$

表3.9　　　　　　　　生态环境指标对应的得分系数

指　　标	成　分		
	1	2	3
工业用水重复利用率	−0.293	0.387	−0.313
一般工业固体废物综合利用率	−0.354	−0.110	0.664
森林覆盖率	0.794	−0.520	0.146
环境天气优良天气比例	0.866	−0.344	−0.015
人均公园绿地面积	0.643	0.600	0.266

指　标	成　分		
	1	2	3
建成区绿化覆盖率	0.526	0.790	0.051
森林虫害防治率	−0.199	0.083	0.794

类似地，由表3.9可得生态环境指标各主成分的线性表达式，即主成分的得分函数为：

$$F_1 = -0.293x_1 - 0.354x_2 + 0.794x_3 + 0.866x_4 + 0.643x_5$$
$$+ 0.526x_6 - 0.199x_7$$

$$F_2 = 0.387x_1 - 0.11x_2 - 0.52x_3 - 0.344x_4 + 0.6x_5 + 0.79x_6$$
$$+ 0.083x_7$$

$$F_3 = -0.313x_1 + 0.664x_2 + 0.146x_3 - 0.015x_4 + 0.266x_5$$
$$+ 0.051x_6 + 0.794x_7$$

利用公式（3.11）和公式（3.12），可以得到生态环境指标各主成分在子系统中所占的权重分别为 0.4530、0.3005 和 0.2465。因此，生态环境指标综合得分函数为：

$$F_生 = 0.453F_1 + 0.3005F_2 + 0.2465F_3$$

表 3.10　　　　　　　　社会发展指标对应的得分系数

指　标	成　分	
	1	2
人均财政教育支出	0.638	0.549
人均财政社会保障和就业支出	0.642	0.126
人均财政医疗卫生支出	0.792	−0.311
千人拥有医生数	0.920	−0.142
人均生活用电量	0.870	−0.272

指　　标	成　　分	
	1	2
万人拥有出租车车辆	0.916	− 0.206
万人公共图书馆藏书	0.454	0.818

由表 3.10 可得社会发展指标各主成分的线性表达式，即主成分的得分函数为：

$$F_1 = 0.638x_1 + 0.642x_2 + 0.792x_3 + 0.92x_4 + 0.87x_5 + 0.916x_6 + 0.454x_7$$
$$F_2 = 0.549x_1 + 0.126x_2 - 0.311x_3 - 0.142x_4 - 0.272x_5 - 0.206x_6 + 0.818x_7$$

利用公式（3.11）和公式（3.12），可以得到社会发展指标各主成分在子系统中所占的权重分别为 0.7705 和 0.2295。因此，社会发展指标综合得分函数为：

$$F_{社} = 0.7705F_1 + 0.2295F_2$$

由表 3.11 可得居民生活质量指标各主成分的线性表达式，即主成分的得分函数为：

$$F_1 = 0.861x_1 + 0.357x_2 - 0.019x_3 - 0.075x_4 + 0.935x_5 + 0.961x_6$$
$$+ 0.973x_7 + 0.858x_8$$

表 3.11　　　　　　　居民生活质量指标对应的得分系数

指　　标	成　　分	
	1	2
人均日生活用水量	0.861	− 0.265
用水普及率	0.357	0.627
燃气普及率	− 0.019	0.822
人均城市道路面积	− 0.075	0.860
城镇人均每年可支配性收入	0.935	0.084

指　标	成　分	
	1	2
人均储蓄存款年末余额	0.961	−0.196
城镇居民人均消费支出	0.973	−0.143
城镇居民人均居住面积	0.858	0.390

$$F_2 = -0.265x_1 + 0.627x_2 + 0.822x_3 + 0.86x_4 + 0.084x_5 - 0.196x_6$$
$$-0.143x_7 + 0.39x_8$$

利用公式（3.11）和公式（3.12），可以得到居民生活质量指标各主成分在子系统中所占的权重分别为 0.6751 和 0.3249。因此，居民生活质量指标综合得分函数为：

$$F_居 = 0.6757F_1 + 0.3249F_2$$

表 3.12　　　　　　　　城乡统筹指标对应的得分系数

指　标	成　分	
	1	2
城镇居民消费支出/农村居民消费支出	0.771	−0.120
城镇居民消费水平/农村居民消费水平	0.137	0.983
城镇社会消费品零售总额/农村社会消费品零售总额	0.602	−0.249
城镇居民生活用水/农村居民生活用水	0.971	0.057
城镇居民人均居住面积/农村居民人均居住面积	0.926	−0.106
城镇化率	0.964	0.156

由表 3.12 可得城乡统筹指标各主成分的线性表达式，即主成分的得分函数为：

$$F_1 = 0.771x_1 + 0.137x_2 + 0.602x_3 + 0.971x_4 + 0.926x_5 + 0.964x_6$$
$$F_2 = -0.12x_1 + 0.983x_2 - 0.249x_3 + 0.57x_4 - 0.106x_5 + 0.156x_6$$

类似地，利用公式（3.11）和公式（3.12），可以得到城乡统筹指标各主成分在子系统中所占的权重分别为 0.7741 和 0.2259。因此，城乡统筹指标综合得分函数为：

$$F_{城} = 0.7741F_1 + 0.2259F_2$$

根据各子系统的综合得分函数，计算出各子系统的综合得分。如表3.13 所示，括号中为得分及排名情况。

表 3.13　　　　　　　地级市各子系统的综合得分及排名

地级市	经济发展	生态环境	社会发展	居民生活质量	城乡统筹
南昌市	0.614（2）	−1.118（9）	4.848（1）	6.594（1）	5.264（1）
景德镇市	0.148（6）	2.323（2）	1.979（4）	2.061（3）	1.701（3）
萍乡市	0.543（3）	−1.092（8）	2.162（3）	−0.546（5）	1.061（4）
九江市	0.164（5）	2.271（3）	1.069（6）	−0.264（4）	−1.335（6）
新余市	1.723（1）	3.568（1）	4.185（2）	4.559（2）	4.719（2）
鹰潭市	0.182（4）	−1.915（10）	1.179（5）	−1.458（6）	0.692（5）
赣州市	−0.748（9）	−2.185（11）	−2.925（8）	−2.643（10）	−2.281（8）
吉安市	−0.793（10）	0.895（5）	−2.457（7）	−1.808（8）	−2.953（11）
宜春市	−0.327（7）	−0.806（7）	−3.292（10）	−2.865（11）	−2.689（10）
抚州市	−0.841（11）	1.012（4）	−3.234（9）	−1.777（7）	−1.821（7）
上饶市	−0.664（8）	0.353（6）	−3.515（11）	−1.854（9）	−2.358（9）

（3）江西省各地级市城镇化质量排名。以表3.13 中各子系统综合得分为指标，运用主成分分析法对各子系统作综合评价，根据特征值大于1，且方差贡献率大于80%，选出一个主成分。该主成分的得分函数为：

$$F = 0.93F_{经} + 0.393F_{生} + 0.961F_{社} + 0.94F_{居} + 0.967F_{城}$$

代入相关数据，得出江西省各地级市城镇化质量的综合得分，对其进行排序，如表3.14 所示。

表3.14 各地级市综合得分及排名

地级市	南昌	景德镇	萍乡	九江	新余	鹰潭	赣州	吉安	宜春	抚州	上饶
综合得分	16.0801	6.5356	2.6673	0.5344	15.8781	-0.1515	-9.0575	-7.302	-9.0789	-6.9242	-7.881
排名	1	3	4	5	2	6	10	8	11	7	9

3.2.2 基于 PCA-UDIT 的欠发达地区城镇化质量测度研究——以江西省为例

通过上一节研究,已经获得了江西省各地级市城镇化质量的综合得分。本节研究将利用所得到的综合得分,测度出城镇间的信息距离,从而更加具体地说明各地市间城镇化质量之间的差距。

当前,全球已进入信息时代,信息作为一种无形资产,在国民经济发展中发挥着重大作用。美国经济学家阿尔文·托夫勒在其著作《权力的转移》中道:"在当今这个信息化的时代,信息已经成为一种战略资源,伴随着信息的流动及传播,引导着人们进行经济建设。"[106] 因此,信息化成为当今世界的潮流,它的发展程度已成为评价一个国家或地区经济现代化发展水平的重要标志之一。

经验表明,城镇的发展历程本质上就是信息交流的发展历程。信息化发展导致了各种空间尺度上社会经济要素的重组,促进了区域经济发展及其功能的完善。从最初的几个几十人之间信息的交流,到数百个人之间的信息交流,再到成千上万人之间的信息交流,间接描绘了城镇的形成过程:由最初的几个人或几个家庭发展成村落,又由村落发展成城镇。[48] 城镇的大小决定着信息的多少,信息的多少又决定着城镇辐射能力的大小,辐射能力的大小又可以反映城镇的经济发展水平,甚至于城镇化质量。但是,由于各地区之间发展的差异,造成了各地区信息交流的差距,进而对各地区的经济发展水平产生作用,最终影响着城镇化质量。因此,对区域城镇信息的测度具有重大意义。考虑到信息是一个抽象的概念,本部分在现有信息距离理论的基础上,利用新的方法计算出各地级市距中心城市的信息距离，分析造成这种差距的原因，进而对各地区的城镇化质量进行测度。

3.2.2.1　城镇信息距离

王浣尘（2006）提出了信息距离（the distance of information-state transition，DIT）概念，从定性和定量两个角度开展了新的信息测度研究。

在给出城镇信息距离的概念之前，这里先介绍一下几个简单概念。

信息状态指一个事物所能出现的状态。用数学语言可表述为：

$$X = \{x_1, x_2, x_3, \cdots, x_N\}$$

其中，X 表示信息状态集；x_i 表示第 i 个信息状态；i 表示信息状态的序号；N 表示信息状态的总个数。

信息状态转移指某个事物所实现的状态，在其可能出现的多个信息状态之间发生的变化。信息状态转移距离是指某个事物信息状态转移所遇到的障碍的测度，简称"信息距离"，英文简称为"DIT"。[107]

余达锦（2009，2010，2011）对信息距离理论应用进行了较为深入的研究，于 2010 年将信息距离理论引入城镇化相关研究中，并提出了城镇信息距离（the urban distance of information-state transition，UDIT）的概念，建立测度模型进行了相关计算。[108,109,48]城镇信息距离是指某个城镇在所处的城镇体系中信息状态（包括城镇的物流、信息流、资金流、资源流、能量流等方面）转移所遇到的障碍的测度。研究中一般选取城镇体系中的中心城市作为参照。相对而言，中心城市的城镇化质量一般是最高的。城镇信息距离与城镇化质量及城镇的辐射力一般来说是成反比的。城镇信息距离越小，城镇间信息的交流越方便，城镇的经济发展水平就越高，城镇的辐射力就越大，城镇化质量就越高。

3.2.2.2　城镇信息距离的计算

对信息距离进行定量测度的方法有很多，但从含义清晰、计算简单、实际可用等要求考虑，研究中选择通过计算信息状态转移概率来测度信息距离。概率大小与信息距离成反比，即转移概率越小，说明信息转移过程所遇的障碍越大，其对应的信息距离就越远。反过来，转移概率越大，所遇的障碍越小，对应的信息距离就越近。用数学语言表示就是，如果某一个信息从城镇 i 转移到城镇 j，其转移概率用 P_{ij} 表示（$i,j = 1,2,\cdots,N$），则两城镇间关于该信息的信息距离为：

$$UDIT(ij) \equiv d_{ij} \equiv \log_2 \frac{1}{P_{ij}} = -\log_2 P_{ij}, \sum_{j=1}^{N} P_{ij} = 1, i,j = 1,2,\cdots$$

$$(3.15)$$

从以上分析可知，当我们计算城镇间的信息距离时，关键就是确定城镇间信息状态的转移概率。为简化计算，本书在公式（3.15）中采用常用对数来计算。

为了更好地确定信息状态转移概率，本书改进相关方法，引入断裂点理论。断裂点理论是由 P. D. Converse 在 W. J. Reilly 的"零售引力规律"理论的基础上提出的，描述的是城镇与区域相互作用的一种理论。该理论认为，一个城镇对其周边区域的吸引力（即辐射能力），与它们之间的距离及这个城镇的规模存在一定的关系。断裂点公式为：

$$D_A = \frac{D_{AB}}{1 + \sqrt{P_B/P_A}} \qquad (3.16)$$

其中，D_A 表示的是从断裂点到 A 城的距离；D_{AB} 为两城镇之间的距离；P_A、P_B 指的是两个城市的规模，通常用人口表示。[110]

本书在断裂点公式的基础上，进行改进，用城镇化质量的综合得分代替城镇的规模。公式（3.16）就变为：

$$D_A = \frac{D_{AB}}{1 + \sqrt{P_B^*/P_A^*}} \qquad (3.17)$$

其中，P_A^*、P_B^* 指的是两个城市的城镇化质量综合得分。基于城镇信息距离的理解，可以利用断裂点位置与两城镇之间距离的比值来表示信息状态转移概率。信息状态转移概率的具体计算公式为：

$$P_{AB} = 1 - \frac{1}{1 + \sqrt{P_B^* / P_A^*}} \tag{3.18}$$

代入公式（3.17），就可得到城镇间的信息距离。

由表 3.14 可知，有些地级市的综合得分是负值，不能代入公式（3.17）进行运算。为此，需要对各地级市的城镇化质量的综合得分进行数据修正。对数据进行规范化处理有很多方法，在此采取最小—最大规范法。

最小—最大规范法是指对原数据进行线性变换，映射到一个新的数据空间上，从而形成新的数据列。变换公式为：

$$V' = \frac{v - \min_A}{\max_A - \min_A}(new\_\max_A - new\_\min_A) + new\_\min_A \tag{3.19}$$

其中，V' 表示的是规范化处理后得到的数据；v 为原来的数据；$\max_A$ 为原始数据的最大值；$\min_A$ 为原始数据的最小值；$new\_\max_A$ 是新数据列的最大值；$new\_\min_A$ 是新数据列的最小值。为了保证规范化后的数据全部为正值，这里选取在区间 $[1, 10]$ 上对原数据进行线性变换，即令 $new\_\max_A = 10$，$new\_\min_A = 1$。注意：对数据进行规范化处理，只是改变了数值的大小，不会对各地级市综合得分的排名造成改变，因此分析结果不会受影响。对各地级市综合得分进行规范化处理后的修正值，如表 3.15 所示。

根据表 3.15 修正后的数值，代入公式（3.15）和公式（3.18）可得各地级市距中心城市南昌的信息距离，如表 3.16 所示。

表 3.15　　江西各地级市各子系统得分及综合得分的修正值

地级市	经济发展	生态环境	居民生活质量	社会发展	城乡统筹	综合得分
南昌	6.1073	2.6692	10.0000	10.0000	10.0000	10.0000
景德镇	4.4715	8.0523	6.9125	5.6870	6.0975	6.5857
萍乡	5.8580	2.7099	7.1094	3.2065	5.3965	5.2019

续表

地级市	经济发展	生态环境	居民生活质量	社会发展	城乡统筹	综合得分
九江	4.5277	7.9710	5.9332	3.4748	2.7722	4.4389
新余	10.0000	10.0000	9.2865	8.0637	9.4031	9.9277
鹰潭	4.5909	1.4224	6.0515	2.3387	4.9923	4.1936
赣州	1.3264	1.0000	1.6349	1.2112	1.7360	1.0077
吉安	1.1685	5.8184	2.1386	2.0057	1.0000	1.6356
宜春	2.8042	3.1573	1.2400	1.0000	1.2892	1.0000
抚州	1.0000	6.0014	1.3024	2.0352	2.2399	1.7708
上饶	1.6213	4.9705	1.0000	1.9619	1.6517	1.4285

表 3.16 　　　　　　　江西各地级市距中心城市的信息距离

地级市间	经济发展	生态环境	居民生活质量	社会发展	城乡统筹	综合得分
南昌—景德镇	0.3362	0.1975	0.3430	0.3666	0.3581	0.3487
南昌—萍乡	0.3056	0.2994	0.3396	0.4418	0.3731	0.3778
南昌—九江	0.3347	0.1983	0.3614	0.4308	0.4623	0.3981
南昌—新余	0.2508	0.1809	0.3091	0.3250	0.3078	0.3018
南昌—鹰潭	0.3331	0.3747	0.3590	0.4868	0.3830	0.4056
南昌—赣州	0.4977	0.4206	0.5407	0.5881	0.5315	0.6181
南昌—吉安	0.5167	0.2246	0.5000	0.5096	0.6193	0.5407
南昌—宜春	0.3937	0.2832	0.5843	0.6193	0.5781	0.6193
南昌—抚州	0.5405	0.2219	0.5764	0.5074	0.4932	0.5285
南昌—上饶	0.4685	0.2388	0.6193	0.5129	0.5391	0.5618

3.2.2.3　结论与分析

（1）结论与分析一。根据表3.13和表3.14中各地级市城镇化质量综合得分，来对江西省各地级市的城镇化质量差异进行综合评价。

根据表3.14可得图3.1。分析可以发现，经济发展、居民生活质量、社会发展这三个子系统的曲线与综合评价结果的曲线走势相符合；

对各子系统来说，不同城镇的城镇化质量上下波动、起伏明显。通过以上分析，可以得到以下结论：江西省的城镇化发展不平衡，各地级市的城镇化质量差距明显。根据表 3.13 和表 3.14 中各地级市城镇化质量综合得分和欠发达地区城镇化质量进程分类，可以把 11 个地级市分为三个等级，不同等级之间差异显著，但等级内部差异较小。其中，第一等级为城镇化质量较高并处于高级城镇化进程的区域，包括南昌市和新余市；第二等级为城镇化质量一般但处于或接近高级城镇化进程的区域，包括景德镇市、萍乡市、鹰潭市、九江市，城镇化质量处于中等水平；第三等级包括上饶市、抚州市、吉安市、赣州市、宜春市，城镇化质量处于较低水平，城镇化也处在中级城镇化进程中。具体分析可知，江西省城镇化质量的区域差距存在以下几个特征：

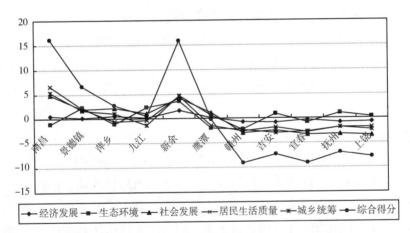

图 3.1　江西省各地级市的城镇化质量差异综合评价

一是南北区域城镇化质量差距明显。城镇化质量较高的城市主要集中在江西省的北边，如南昌市、景德镇市、九江市等；而像赣州市、吉安市、宜春市这种城镇化质量较低的城市则主要分布于江西省的南部。

二是城镇化质量与区域面积成反比。城镇化质量较高的城市，它们的区域面积较小，且分布比较集中。由江西省地图可知，城镇化质量排名前6位的城市，区域面积都比较小，且空间上基本相邻，分布较为集中；城镇化质量排名靠后的赣州市、吉安市、宜春市，其区域面积都比较大，且空间上也相邻，分布较为集中。

三是城镇化质量较低的区域缺乏驱动力。城镇化质量较低的区域缺乏城镇化质量较高区域的带动。由上述可知，城镇化质量较高的区域集中在江西北部，彼此之间相邻，与城镇化质量较低的区域空间距离大，难以起到带动作用。由于这种空间上的原因，导致江西南部这些城市的城镇化质量水平普遍较低，城镇化进程发展缓慢。

下面，本书通过研究评价各子系统，分析造成城镇化质量差异的原因。

在经济发展方面，新余、南昌位居第一集团，明显领先其他城市的经济发展水平。萍乡、鹰潭、景德镇位居第二集团，彼此之间差距不大。其余各地级市属于第三集团，其中经济发展水平最差的为赣州市和吉安市，远落后于其他城市。分析原因可知：新余作为我国的工业名城，是全国唯一的国家新能源科技城，第二产业（新能源、钢铁、新材料）作为其支柱产业，2013年创造了近845.07亿元的生产总值。且人口只有115万人，因此全市人均GDP位于江西首位，经济发展水平较高。南昌作为江西的省会，虽然2013年创造了近3336.03亿元的GDP，但人口却达到了518万人，所以经济发展水平虽然比较高，但仍落后于新余市。赣州市与吉安市位于江西南部，人口众多，其支柱产业主要以农业为主，因此相比于其他地市来说，创造的人均生产总值较少，经济发展水平最低。

在生态环境方面，新余市、九江市质量最好，赣州市最差，景德镇、抚州、吉安、上饶属于中等偏上水平，宜春、萍乡、南昌、鹰潭处于中等偏下水平。这是因为新余市注重新能源、新材料产业的发展，高新技术产业比较多，因此对工业废弃物、废水的处理优于其他地级市。另外，由于新余市经济发展水平较高，对环境保护的投入也较多。九江市因其独特的自然旅游优势，拥有其他市无法比拟的生态环境。南昌市作为省会，拥有众多的工业，排放的污染物比其他市多，另外大量的人口，造成生活污水的排放量远高于均值水平，这些都在无形之中造成了环境的破坏。赣州市经济落后，仍以传统农业为主，大量化肥的使用造成了植被的破坏，秸秆的燃烧，污染了空气环境。此外，赣州市居民的环境保护意识较为薄弱，把经济发展放在首位，重经济、轻保护。

在居民生活质量方面，本书选取人均日生活用水量、燃气普及率、可支配性收入等指标进行测度。结果表明，南昌市和新余市仍远超于其他市，紧随其后的为景德镇市、九江市、萍乡市等几个中小城市，吉安市和宜春市等相对较小的城市排名较靠后。这是因为，南昌作为省会城市，基础设施水平及可支配性收入大大高于其他市，导致了居民生活质量排名首位。而像吉安、宜春这种城市，由于经济发展水平较其他城市落后，导致基础设施不是很完善，居民生活质量不高。

在社会发展方面，南昌作为江西省的省会，聚集了大量的财力、物力，基础设施水平较为完善，具有较高的社会发展质量。新余、景德镇、萍乡、鹰潭等中小城市，注重民生建设，并且在财政支出方面高于其他城市，导致其社会发展质量相对较高。宜春、抚州、上饶等城市虽然经济发展水平还行，但是由于区域面积较大，使得社会发展方面各项指标与其他城市之间存在较大差距。

在城乡统筹方面，选取的指标与各地级市的经济发展水平及社会发展水平有很大的关系，因此排名比较类似，但经济发展水平的高低对城乡统筹指标的影响略高于社会发展水平产生的影响。南昌和新余因为其经济发展水平和社会发展水平较高，导致了城乡统筹质量也较高。虽然宜春和吉安的社会发展水平处于中下水平，但是由于经济发展水平的落后，最终导致了它们城乡统筹水平排在后两位。

（2）结论与分析二。通过表3.16可得图3.2。不难发现：在经济发展、居民生活质量、社会发展和城乡统筹四个方面，除个别波动外，各地级市的城镇信息距离曲线走向与综合得分曲线走向大致相同，说明这几个方面发展与中心城市南昌的城镇信息距离都差不多。各地级市的生态环境的城镇信息距离曲线走向与综合得分曲线走向差异明显，且与中心城市南昌的城镇信息距离较小，这与江西所有设区市都是国家园林城市一致。

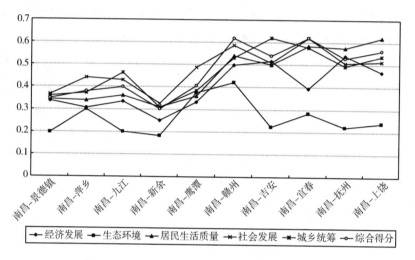

图 3.2　江西省各地级市与南昌的城镇信息距离

在经济发展方面，各地级市和中心城市南昌的城镇信息距离最大的是抚州，最小的是新余，其余按从大到小的次序依此为：吉安、赣州、上饶、宜春、景德镇、九江、鹰潭、萍乡。出现上述情况的原因是：抚州工业经济总量较小，在所有大的地级市中排名最后，吉安、赣州、上饶、宜春分布在江西南部或东部，与南昌的距离相对较远，南昌虽然聚集了大量的人力、物力、财力，但无奈辐射范围没那么远，导致信息距离较远。另外，这些市都拥有较大的区域面积，大部分是农村腹地，城镇化水平不高，这些都增大了与中心城市南昌的信息距离。新余、萍乡、鹰潭虽然经济总量不是特别高，但是人均值很高，尤其是新余，人均 GDP 超过了 7 万元，这些都提高了城镇化质量，缩短了与南昌的城镇信息距离。

在生态环境方面，各地级市和中心城市南昌的城镇信息距离，按从大到小的次序依此为：赣州、鹰潭、萍乡、宜春、上饶、吉安、抚州、九江、景德镇、新余。观察图 3.2 可知，与经济发展方面的曲线走向大致相反，出现上述情况的原因是：第一，近几年，尽管江西省加快了生态环境质量建设的步伐，但是与经济发展的速度相比，仍然比较滞后，治理的速度完全跟不上污染的速度，特别是工业废水重复利用率、污水处理率不高。第二，有的地区人们的环境保护意识不强，当经济发展和环境保护发生矛盾时，往往重经济、轻环保。第三，像赣州部分地区，仍然采用传统的生产方式进行作业，生活方式也较落后。第四，产业结构不合理，有的地区甚至把工业园区建在了居民区附近，环境问题突出。

在居民生活质量方面，各地级市和中心城市南昌的城镇信息距离，按从大到小的次序依此为：上饶、宜春、抚州、赣州、吉安、九江、鹰潭、景德镇、萍乡、新余。出现上述情况的原因是：第一，受区域面积的影响，有的地区由于区域面积较大，造成有的基础设施建立时成本较大，因此基础设施不是很完善，相反区域面积较小的地区，可以享受到很多便利的基础设施。第二，不同地区经济发展水平的差异，造成收入的差异，消费水平也不一样，最终使得各地区的居民生活质量也大不相同。

在社会发展方面，各地级市和中心城市南昌的城镇信息距离，按从大到小的次序依此为：宜春、赣州、上饶、吉安、抚州、鹰潭、萍乡、九江、景德镇、新余。出现上述情况的主要原因是，与中心城市南昌相比，各地区在教育，医疗卫生、社会保障方面投入的差异，这些都导致了各地级市信息距离的差异。

在城乡统筹方面，各地级市和中心城市南昌的城镇信息距离，按从大到小的次序依此为：吉安、宜春、上饶、赣州、抚州、九江、鹰潭、萍乡、景德镇、新余。出现上述情况的原因是：第一，各地区经济增长速度之间的差异，造成各地区城乡居民收入差距的不同。第二，不同地区公共服务事业发展存在着差异。第三，不同地区城镇人口与总人口比值不同，即城镇化率的不同。

3.3 欠发达地区城镇化质量评价研究——以广西为例

3.3.1 广西城镇化质量评价结果

运用上述同样方法，对广西城镇化发展质量进行评价，相关资料主要来源于 2014 年广西统计年鉴。由此可以得到表 3.17 和表 3.18 的数据。

表 3.17　　　　　广西各地级市各子系统的综合得分及排名

地级市	经济发展	生态环境	社会发展	居民生活质量	城乡统筹
南宁	0.527 (3)	−0.921 (11)	4.165 (1)	3.827 (1)	4.318 (3)
柳州	0.681 (2)	1.463 (3)	3.530 (3)	2.061 (4)	4.608 (2)
桂林	0.269 (5)	3.872 (1)	2.292 (4)	3.256 (3)	1.875 (5)
梧州	0.152 (6)	0.931 (5)	1.503 (6)	−0.630 (6)	−1.481 (7)
北海	0.313 (4)	2.129 (2)	2.177 (5)	1.019 (5)	2.143 (4)
防城港	0.795 (1)	1.452 (4)	3.676 (2)	3.407 (2)	5.209 (1)
钦州	−0.548 (8)	−1.534 (13)	−2.925 (9)	−1.422 (8)	−1.721 (9)
贵港	−0.923 (13)	0.725 (6)	−2.457 (8)	−1.215 (7)	−2.988 (13)
玉林	−0.701 (11)	−2.382 (14)	−3.477 (13)	−2.371 (12)	−2.210 (11)
百色	−0.655 (10)	−1.028 (12)	−3.011 (10)	−1.777 (10)	−1.937 (10)
贺州	−0.764 (12)	−0.420 (8)	−3.254 (11)	−2.011 (11)	−2.383 (12)
河池	−1.135 (14)	−0.911 (10)	−4.073 (14)	−3.718 (14)	−4.076 (14)
来宾	−0.609 (9)	−0.546 (9)	−3.442 (12)	−2.603 (13)	−1.225 (6)
崇左	0.133 (7)	0.257 (7)	−1.675 (7)	−1.543 (9)	−1.496 (8)

表 3.18 广西各地级市综合得分及排名

地级市	南宁	柳州	桂林	梧州	北海	防城港	钦州	贵港	玉林	百色	贺州	河池	来宾	崇左
综合得分	11.904	10.994	8.848	-0.073	6.250	13.082	-6.924	-6.966	-9.295	-7.450	-8.197	-12.764	-7.720	-4.282
排名	2	3	4	6	5	1	8	9	13	10	12	14	11	7

同样对表 3.17 和 3.18 中的数值进行规范化处理, 修正值结果如表 3.19 所示。

表 3.19 各地级市各子系统得分及综合得分的修正值

地级市	经济发展	生态环境	居民生活质量	社会发展	城乡统筹	综合得分
南宁	8.7503	3.1025	10.0000	10.0000	9.1363	9.5986
柳州	9.4684	6.5333	9.3063	7.8934	9.4174	9.2888
桂林	7.5472	10.0000	7.9538	9.3189	6.7683	8.5580
梧州	7.0016	5.7677	7.0918	4.6835	3.5153	5.5195
北海	7.7523	7.4917	7.8281	6.6505	7.0281	7.6730
防城港	10.0000	6.5174	9.4658	9.4990	10.0000	10.0001
钦州	3.7373	2.2203	2.2542	3.7388	3.2827	3.1859
贵港	1.9886	5.4712	2.7655	3.9857	2.0546	3.1716
玉林	3.0238	1.0000	1.6511	2.6068	2.8087	2.5752
百色	3.2383	2.9485	2.1602	3.3153	3.0733	3.0067
贺州	2.7301	3.8235	1.8948	3.0362	2.6410	2.7523
河池	1.0000	3.1169	1.0000	1.0000	1.0000	0.9999
来宾	3.4528	3.6421	1.6894	2.3300	3.7635	2.9148
崇左	6.9130	4.7977	3.6198	3.5944	3.5008	4.0858

根据表 3.19 修正后的数值, 代入公式 (3.15) 和公式 (3.18) 可得广西各地级市距中心城市南宁的信息距离, 如表 3.20 所示。

表 3.20　　　　　　　　各地级市距中心城市的信息距离

地级市间	经济发展	生态环境	居民生活质量	社会发展	城乡统筹	综合得分
南宁—柳州	0.2926	0.3339	0.2944	0.3124	0.2931	0.2946
南宁—桂林	0.3174	0.2868	0.3115	0.2942	0.3298	0.3034
南宁—梧州	0.3259	0.3486	0.3244	0.3742	0.4112	0.3539
南宁—北海	0.3144	0.3182	0.3133	0.3318	0.3255	0.3155
南宁—防城港	0.2868	0.3342	0.2926	0.2922	0.2868	0.2868
南宁—钦州	0.4031	0.4750	0.4728	0.4031	0.4204	0.4244
南宁—贵港	0.4910	0.3550	0.4439	0.3947	0.4862	0.4250
南宁—玉林	0.4315	0.5975	0.5188	0.4521	0.4417	0.4651
南宁—百色	0.4222	0.4350	0.4789	0.4191	0.4293	0.4323
南宁—贺州	0.4457	0.4002	0.4982	0.4310	0.4503	0.4445
南宁—河池	0.5975	0.4274	0.5975	0.5975	0.5975	0.5687
南宁—来宾	0.4136	0.4065	0.5153	0.4680	0.4022	0.4366
南宁—崇左	0.3274	0.3712	0.4074	0.4083	0.4118	0.3915

3.3.2　广西城镇化质量评价结果分析

3.3.2.1　分析一

根据表 3.17 和表 3.18 中各地级市城镇化质量综合得分，可得图 3.3。现来对广西各地级市的城镇化质量差异进行综合评价分析。

由图 3.3 可知，经济发展、居民生活质量、社会发展和城乡统筹这四个子系统的曲线与综合评价结果的曲线走势基本相符合；对各子系统来说，除经济发展外，不同城镇的城镇化质量上下波动、起伏明显。通过以上分析，可以得到以下结论：广西的城镇化发展不平衡，各地级市的城镇化质量差距较为明显。根据表 3.17 和表 3.18 中各地级市城镇化质量综合得分和欠发达地区城镇化质量进程分类，可以把 14 个地级市分为三个等级，不同等级之间差异显著，但等级内部差异并不明显。其中，第一等级为城镇化质量较高并处于高级城镇化进程的区域，包括南宁市、柳州市和防城港市；第二等级为城镇化质量一般但处于或接近高级城镇化进程的区域，包括桂林市、梧州市、北海市，城镇化质量处于中等水平；第三等级包括钦州市、贵港市、玉林市、百色市、贺州市、河池市、来宾市、崇左市，城镇化质量处于较低水平，城镇化也处在中级城镇化进程中。具体分析可知，广西城镇化质量的区域差距存在以下几个特征：

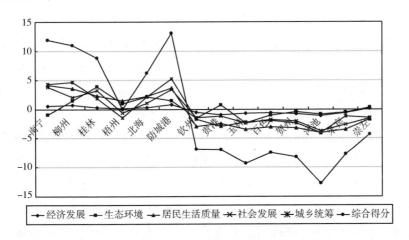

图 3.3　广西各地级市的城镇化质量差异综合评价

（1）城镇化质量差距较为明显，与地理位置的优越程度有关。除了省会南宁市，城镇化质量较高的城市主要集中在广西的沿海或与发达省际交界城市，如防城港市、北海市、梧州市等；而像百色市、崇左市、贵港市这种城镇化质量较低的城市则主要分布于广西与较为落后省份交接地带或省域内地，其地理位置较差。

（2）城镇化质量较高的区域对城镇化质量较低区域的带动有限。由上述可知，城镇化质量较高的区域集中在沿海沿边地区，经济对外依赖性严重，难以起到内部带动作用。由于这种区位上的原因，导致广西某些地区的城镇化质量水平普遍较低，城镇化进程发展缓慢。

下面，本书通过研究评价各子系统，分析造成广西城镇化质量差异的原因。

在经济发展方面，防城港市位居第一集团，明显领先其他城市的经济发展水平。南宁市、柳州市、北海市位居第二集团，彼此之间差距不大。其余各地级市属于第三集团，其中经济发展水平最差的为贵港市和河池市，远落后于其他城市。分析原因可知：防城港作为我国著名的港口城市，是全国和广西南下出海的重要通道，第二产业（交通运输、商贸物流）作为其支柱产业，2013 年创造了近296.08 亿元的生产总值。且人口只有89.9 万人，因此全市人均 GDP 位于广西首位，经济发展水平较高。南宁作为广西的省会，虽然 2013 年创造了近2803.54 亿元的GDP，但人口却达到了685.37 万人，所以经济发展水平虽然比较高，但仍落后于防城港市。河池市与贵港市位于广西内部，人口众多，其产业优势不明显，因此相比于其他地市来说，经济发展水平较为低下。

在生态环境方面，桂林市、北海市质量最好，玉林市最差，柳州市、防城港市、贵港市、梧州市属于中等偏上水平，南宁市、钦州市、河池市、百色市、贺州市、来宾市、崇左市处于中等偏下水平。这是因为北海市注重交通运输等产业的发展，靠近沿海。桂林市注重旅游产业发展，环保效能好，因此对工业废弃物、废水的处理优于其他地级市。防城港市因其独特的地理位置优势，靠近沿海，也拥有其他市无法比拟的生态环境。南宁市作为省会，虽然在环境保护方面获奖很多，如全国卫生城市、全国城市环境综合整治优秀城市、首届中国人居环境奖、国家园林城市、联合国人居奖等，但调研和问卷发现，生产生活污染物的乱排乱放较为严重，居民对生态环境的破坏很是担忧。玉林市地处内陆，经济较为落后，生态环境意识不强，环境污染较为严重。

在居民生活质量方面，南宁市、防城港市和桂林市远超于其他市，紧随其后的为柳州市、北海市等几个中小城市，来宾市和河池市等相对较小的城市排名较靠后。这是因为，南宁作为省会城市，基础设施水平及可支配性收入大大高于其他市，导致了居民生活质量排名首位。防城港市经济基础好，公共服务投入充足，居民生活质量高。桂林市因受益于旅游城市建设，居民获得感强。

在社会发展和城乡统筹方面，南宁作为广西的中心城市，城市基础设施投入大，硬件建设水平较高，因而社会发展和城乡统筹质量也相对较高。防城港、柳州等城市，经济基础好，注重民生建设，工业反哺社会，在财政支出方面比例高于其他城市，社会发展和城乡统筹质量处于相对较好位次。而河池的经济发展水平低下，2013 年人均 GDP 仅有15440 元，导致社会发展和城乡统筹水平的落后。

3.3.2.2　分析二

通过表 3.20 可得图 3.4，不难发现：在经济发展、居民生活质量、社会发展和城乡统筹四个方面波动并不明显，造成各地级市与中心城市南宁的城镇信息距离曲线走向与综合得分曲线走向大致相同，说明这几个方面发展与中心城市南宁的城镇信息距离都差不多。各地级市的生态环境的城镇信息距离曲线走向与综合得分曲线走向差异明显，在贵港、玉林和河池等处与其他曲线波动幅度较大，这说明这几地的生态环境建设还有待加强。

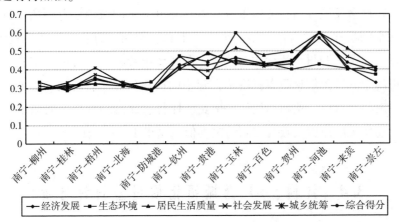

图 3.4　广西各地级市与南宁的城镇信息距离

在经济发展方面，各地级市和中心城市南宁的城镇信息距离最大的是河池，最小的是防城港，其余按从大到小的次序依此为：贵港、贺州、玉林、百色、来宾、钦州、梧州、桂林、北海和柳州。出现上述情况的原因是：河池工业经济总量较小，在所有大的地级市中排名倒数，区域面积大，人口相对多；同样，贵港、玉林、百色由于经济总量和人口，导致与南宁信息距离较远。另外，这些市大部分是农村腹地，少数发展民族聚集区，城镇化水平不高，这些都增大了与中心城市南宁的信息距离。防城港、北海虽然经济总量不是特别高，仅占南宁的1/4左右，但是人均值很高，尤其是防城港，人均 GDP 超过了 5 万元，这些都提高了城镇化质量，缩短了与南宁的城镇信息距离。柳州作为工业重镇，GDP 总量和人均 GDP 都比较高，交通便利，城镇基础好，自然与南宁的城镇信息距离小。

在生态环境方面，各地级市和中心城市南宁的城镇信息距离，按从大到小的次序依此为：玉林、钦州、百色、河池、来宾、贺州、贵港、梧州、防城港、柳州、北海和桂林。在居民生活质量方面，各地级市和中心城市南宁的城镇信息距离，按从大到小的次序依此为：河池、玉林、来宾、贺州、百色、钦州、贵港、梧州、北海、桂林、柳州和防城港。在社会发展方面，各地级市和中心城市南宁的城镇信息距离，按从大到小的次序依此为：河池、来宾、玉林、贺州、百色、钦州、贵港、梧州、北海、柳州、桂林和防城港。在城乡统筹方面，各地级市和中心城市南宁的城镇信息距离，按从大到小的次序依此为：河池、贵港、贺州、玉林、百色、钦州、梧州、来宾、桂林、北海、柳州和防城港。出现上述情况的原因大致与江西情况类似。这里不一一赘述。

3.4 江西、广西城镇化质量差异性分析

衡量一个区域的城镇化质量时，既要考虑城镇化质量水平的绝对差

异, 同时也必须考虑相对的差异。因此可以从不同的角度来对其进行相应的衡量。现有研究表明, 标准差能很客观准确地反映一组数据的离散程度, 但是对于不同的项目, 或同一项目不同的样本, 标准差就缺乏可比性, 因此对于方法学评价来说又引入了变异系数。这里通过标准差和变异系数来对江西、广西城镇化质量差异性进行分析。

标准差的测算公式为:

$$\sigma_j = \sqrt{\frac{1}{N} \sum_{i=1}^{N} (x_{ij} - \mu_j)^2}$$

变异系数的测算公式为:

$$R_j = \sigma_j / \mu_j$$

其中, x_{ij} 是每个地级市的城镇化质量评价中各子系统得分及综合得分的修正值; μ_j 是相对应的平均值; $j = 1, 2, \cdots, 6$。因为江西有 11 个地级市, 广西有 14 个地级市, 因此计算江西的数值时, $N = 11$; 计算广西的数值时, $N = 14$。

通过对表 3.15 和表 3.19 中江西各地级市各子系统得分及综合得分数据的整理和计算, 可得到 2013 年江西和广西城镇化质量各子系统得分及综合得分的标准差和变异系数, 如表 3.21 所示。

表 3.21　　　2013 年江西、广西城镇化质量各子系统得分及综合
得分的标准差和变异系数

省区	指标	经济发展	生态环境	居民生活质量	社会发展	城乡统筹	综合得分
江西	标准差	2.7563	2.9589	3.4097	2.9490	3.2174	3.3719
	变异系数	0.6974	0.6053	0.7129	0.7915	0.7598	0.7860
广西	标准差	3.0238	2.3877	3.4505	2.9748	2.9905	3.1200
	变异系数	0.5526	0.5032	0.7034	0.5812	0.6158	0.5957

分析表 3.21 中数据可以发现, 2013 年, 江西、广西城镇化质量综合得分的标准差相差不大, 但变异系数相差较为明显, 且江西城镇化质

量综合得分的变异系数明显高于广西的。这说明，两个省区各地的城镇
化质量水平总体上看虽然相差不大，但江西的城镇化质量参差不齐，两
极分化较广西严重。从经济发展指标的数据来看，江西的经济发展水平
略高于广西，但经济质量却低于广西，贫富差距较广西大。从生态环
境、居民生活质量、社会发展和城乡统筹等指标的数据来看，两省的居
民生活质量和社会发展相差不大，但其他方面江西表现出更大的差距，
城市之间的不平衡发展比广西更明显。也就是说，江西区域间的协调性
较广西差一些。分析原因有：一方面，江西完全是内陆省份，外向型经
济基础较差。另一方面，广西的中心城市南宁地理基本处于区域的中心
位置，区域带动和辐射较为便利；而江西的中心城市南昌地理基本处于
区域的北方位置，区域带动和辐射对南方区域明显不足，造成了区域内
各市之间的发展差距相对较大。

第4章 城镇化发展历程与区域协调发展
——国际经验与国内实践

由于区域经济社会发展水平、区位特色、自然资源禀赋和环境基础存在着差异，世界各国城镇化发展的速度、特点与动力机制等都存在显著性差异。我国当前正处于工业化和城镇化快速发展的关键时期，研究、汲取和借鉴相关先行国家的经验和教训，对于更好地促进我国的城镇化健康、有序发展具有重大意义。

4.1 典型发达国家的城镇化与区域协调发展

4.1.1 英国

英国是世界上最早推进城镇化的国家，也是最早实现高度城镇化的国家之一。英国早期通过"圈地运动"使农业集约化生产，提高了农业生产效率，这正为随后到来的工业革命提供了较为丰厚的物质支持。1760年工业革命的到来使得产业结构发生了巨大改变。随着农业机械化的使用，劳动生产效率大幅提高，农村出现了大量的剩余劳动力。新技术的出现与应用使得煤矿、钢铁、机械制造等工业兴起，大量就业岗位出现，吸引农村人口向城市聚集。这种背景下，英国涌现了一大批人口迅速膨胀的新兴工业中心城市，具有规模的城市达到 31 个。依据中部和北部丰富的煤炭资源，伯明翰发展起了钢铁工业，曼彻斯特建立起了棉纺织工业，谢菲尔德发展了五金刀叉工业等，慢慢地围绕伦敦、曼彻斯特、伯明翰、利物浦、利兹、纽卡斯尔和格拉斯哥形成了 7 个城市群，环绕在工业中心城市发展起来的诸多城镇形成"都市圈"。各个城市群和"都市圈"都充分扮演各自角色，发挥各自在区域发展中的作用，协调着区域的发展。

随着分工的细化，英国小城镇依据自身的优势发展乡村工业。典型的英国最早期的纺织业等轻工业，就是在农舍中进行的。同时随着城镇化进程的深入，英国大力发展以农产品加工业为主的乡村产业，将农村劳动力从农业转变到工业，避免了大城市发展的资源紧张。同时规模化的工厂，成功地实现了农民的就近就地城镇化。工业化的进程中英国的小城镇的发展和中心城市的发展是相辅相成的，注重发展"田园城市"即城乡结合，周边小城镇能疏散人员并合理配置资源，形成了区域协调发展的典范。[111]

4.1.2　德国

与英国相比，德国工业革命起步较晚，但是发展极为迅猛，后发优势显著。自工业革命浪潮在 19 世纪中叶席卷德国之后，伴随产业结构的调整，德国经济迅速发展。到 19 世纪末 20 世纪初，在城乡人口和工农产值的比较中，城镇已经在德国占有支配地位。通过 60 年的时间，德国的城镇人口迅速集中，大中心城市雨后春笋般地兴起。到 1910 年，德国基本实现高级城镇化，它所用的时间与英国基本相近，但德国的中小城市、小城镇星罗棋布于全国各地，各类城镇相对协调发展，布局更为合理。

德国在早期 19 世纪末就在主要的大城市成立城市统计局，同时进行了城市规划，制定了法律法规。1875 年颁布《普鲁士建筑线条例》，建立起具有现代意义的综合性的城镇扩展法制框架；同时 1891 年法兰克福市颁布《分级建筑规则》，是国际上采用"区划法规"进行土地利用规划管理的开端，是现代城市规划的一个重要里程碑和转折点，旨在通过法制手段理性、有效应对城镇化发展问题。德国在长久的城镇化建设中积累了一套自己独有的方式，城镇公共治理能力表现好，其现代城市规划制定过程逐渐由政府主导转向市民广泛参与，具体表现在"地方政府 + 专家 + 公众参与"的"三结合"上，以更好地促进区域协调发展。在市一级的城市规划特别是控制性详细规划的制定实施过程中，都有市民的广泛参与。在编制控制性详细规划方案时，市政府都要向市民公示，广泛地听取市民建议，对市民提出的意见，市政府或者规划局必须给出具体书面的答复，要向市民逐条解释说明。因此，市民对自己的城镇特别是居住所在地的规划要求非常了解，这样就有效地形成了共建共管的良好氛围。

德国的城镇规划这一优良传统使得城镇基础设施和公共服务设施的建设和管理达到了一个相对较高的水平，促进了区域的协调发展。与此同时，合理的规划也为德国的城镇注入了可持续发展的动力。例如，在德国可持续的乡村城镇化中，有一个很重要的规划环节就是交通的可持续发展。解决交通拥堵问题的关键是提高节能减排的意识，鼓励全民搭乘发达完善的公共交通。这也是德国推进乡村城镇化使乡村城镇化和城市进行衔接的手段。不过乡村自身的改造主要是靠土地整理和村庄更新。在规划的过程中逐渐形成了一种使郊区以有偿的方式维护市区生态环境，市区内部按人均分担全部税收以维持郊区市政最低运行标准，这样能有效地解决生态环境保护和地方增长间的矛盾。[112-114]

4.1.3 美国

美国城镇化过程从 19 世纪 20 年代起步至 20 世纪 60 年代末实现高度城镇化大约经历了 150 年。随着第一次和第二次工业革命带动了美国工业的快速发展，产业集聚使资源优势的城市迅速发展成了工业城市，例如，旧金山、洛杉矶、西雅图、丹佛和休斯敦等。19世纪末，随着工业化的进程深入发展和快速推进，社会公众对交通基础设施的要求也日益提高。政府将市际公路和州际公路系统融合确立一级、二级公路系统，早期小城镇的发展零星分布在美国州际和市际公路的主干线上。在20世纪初，纽约、芝加哥、费城等城市的人口已经超过百万，城镇房屋无法满足激增的人口要求。针对这一问题，美国政府加强了对大城市基础设施建设与管理，设定了各种设施的最低标准，保障了居民的生存与健康。由于市场经济的内在动力，美国政府一直优先发展大城市，着力于建设交通基础设施，这也是后来城镇化中期时，美国大城市扩张形成都市圈、大都市连绵区，以及卫星城镇带的重要前提。[115]

美国各地依赖由航空、铁路、公路、高速公路与水路所构成的庞大交通系统连接在一起。根据美国交通部2015年1月30日发布的统计数据，2013年，美国共有644万公里的公路，225400公里的铁路，40250公里的水路，322万公里的油气管道。在以水路连接中西部与海岸之前，中西部是东南海岸唯一的前哨。美国的铁路运输从内战结束后，随着工业化进程中蒸汽机和电力的发展，铁路交通迅速表现出抢眼的势头，铁路网也从中部向西发展逐渐布满全国，为中西部区域间的城镇能更有效地协调发展提供了坚实的基础。如今航空业和公路运输业盖过了铁路的发展，但是铁路为早期的美国经济发展起了不可估量的作用。

美国的公路运输系统遍布全国，可分为联邦公路（里程约占5%）、州际公路（里程约占20%）和地方公路（里程约占75%）。美国的州际高速公路与国家公路网是由联邦各州公路局负责规划、设计和施工，由各州负责对高速公路进行管理、养护，属地方区域的管理体制。2012年，美国平均每人旅行距离为21896公里，平均每人货运量63吨。在客运周转量中，所有轨道交通只占0.77%的份额，而公路占到了86.93%，航空占11.81%，水路等占0.08%。

美国一直高度重视航空业在运输系统中的重要作用，花大力气建设相关基础设施，航空产业发展得比较成熟，不仅有着巨大的产值，同时也提供了大量的就业岗位，对美国经济和区域协调发展作用巨大。美国的航空非常便捷，洛杉矶、华盛顿、纽约等大型城市均拥有 2～3 个大型飞机场，小型飞机场多达数十个。国际国内航班很多，平均几乎每分钟都有飞机起飞降落。目前，全世界大约有通用航空飞机 34 万架，而美国约占了其中的 2/3。在美国，有近两万个机场适合各类通用航空飞机起降，其中有 5000 多座设施条件非常齐备的公用机场能够用于公务航空飞行，而运输航空公司使用的机场有 450 个左右。[116,117]

总之，美国交通体系的发达为城市的发展提供了保障，更重要的是依托便捷的交通，小城镇能有效地承接和分散大城市的压力，促进了区域的协调发展。

4.1.4　日本

日本作为第二次世界大战后首个实现工业现代化的亚洲国家，其城镇化建设的做法值得借鉴学习。日本 1945 年战败时城镇化率只有 18%，1955 年就上升到 35%，2005 年已经达到了 86%，2015 年超过了 90%，远远超过我国 2014 年的城镇化率 54.77%，甚至也超过了东亚地区国家的平均水平 55.6%，这与其强有力的推行相关立法和执法不无关系。

第二次世界大战后，日本就城镇化建设出台了很多相关法律，保障城镇化建设与区域协调发展。1946 年日本颁布了《生活保护法》。1947 年，日本颁布了《农业协同组合法》。1948 年又颁布了《国民健康保险法》，健全社会保障体系，为农业的发展保驾护航，从整个生产链到金融、保险、医疗等服务业均提供保护，使得农业经济快速健康发展，为其后的城镇化发展提供了经济保障。1950 年日本国土厅制定了引导国民开发国土，以及城市化进程的大体框架《国土综合开发法》。各地也相继出台了有关法律，如《北海道开发法》《东北开发促进法》《九州地方开发促进法》和《四国地方开发促进法》等。1953 年日本又出台了

《市町村合并法》。相继出台的法律中涵盖了相应的规划事项，到 1955年，日本的城镇化率比 1945 年翻了一番。1961 年《新市町村建设促进法》制定后，使得合乡并镇的步伐进一步加快，到 1965 年城镇化率再翻了一番，达到 68%。为协调发展城市和农村的关系，促进山区农村地区的经济发展，日本政府出台《过疏地区活跃法特别措施法》《山区振兴法》等，同时为促进农村工商业的发展，日本政府又制定《向农村地区引入工业促进法》《关于促进地方中心小都市地区建设及产业业务设施重新布局的法律》等。事实证明，这些法律法规对日本的城镇化与区域协调发展发挥着重大作用。[118-120]

4.2 典型发达国家的城镇化与区域协调发展的启示

4.2.1 英国经验——工业化

从英国的做法中发现，城镇化的推进必须依靠工业化的带动，要以产业发展和企业的聚集为支撑。一个大企业和几个中小企业的最初发展，能带动当地就业机会、劳动收入的跨越式增加，会吸引众多的本地农民工回乡参加就业。与此同时，一些外地人也会直接参与到工业生产中，而更多的本地人则加入到服务业行列中。此外，大企业或中小企业效益的增加，可以促进地方财政收入的直线上升，财政收入的增加又会反馈到当地基础设施的完善上，进而促进城镇化与区域协调发展。当一个区域成为越来越适合企业发展的优质土壤时，受到利益驱动的上下游产业和竞争对手都会来寻求更大的收益，经济学中的"乘数效应"就会显现，当地各产业发展如滚雪球一般越来越大。

从系统科学的角度构建的产业发展对城镇化与区域协调发展的关系基模，如图 4.1 所示，显然这是一个富者愈富型（success to the successful）基模。

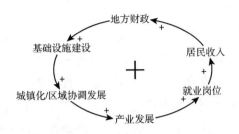

图 4.1 产业发展对城镇化与区域协调发展的关系基模

由此可见，一个没有相关产业作为支撑的城镇，必然是一个经济基础脆弱、功能不够健全的城镇，必然也是一个缺乏造血功能和可持续发展动力的城镇，甚至是一个渐趋衰败的城镇。

当前，随着大城市的发展陷入"瓶颈"，众多产业的转型与升级，乡镇基础设施的完善，产业转移至成本更低的中小城镇吸引力凸显。从国家层面来说，政府应该在政策上给予支持和引导，在行政上少干预，简政放权，让市场自行支配要素的自由流动。政府要认真分析城镇的特色和优势，创建开发区，大力招商引资，积极吸收优质企业聚集为城镇产业发展注入活水，奠定城镇化和区域协调发展基础，如可以大力挖掘乡土产业，民俗工艺，发展特色产业。

4.2.2 德国经验——科学规划，以人为本

从德国的做法中得到，要对城镇发展进行科学规划，促进区域协调发展。科学合理的规划可以有效地降低全社会城镇化成本，促进产业空间优化布局，调整劳动力合理分布。当前我国的人口长期流动，城乡发展差距过大，单靠城市难以解决。通过科学规划，可以构建多样类型的区域振兴扶贫空间格局，制定多渠道差异化的区域振兴扶贫政策，因地制宜选择城镇化发展路径，实现全国非均衡发展战略的转变；可以构建区域中心城市和周边地区一体化发展的都市区发展空间，形成地区层面

的核心增长极，提高各地区参与全球化发展和引领地方经济崛起的能力。

此外，可以看到德国的城镇化突出强调以人为本的理念，其基本导向是分散化、适度化发展，即在城市人口规模和用地规模日益增加的基本导向下，德国城镇本身的建设用地规模并没有迅速增加，而是都市区中的传统农业型村庄更多地向第二、第三产业工商城镇转变，同时保持周边农业和森林用地性质不变，确保三次产业在城市区域内协调发展并存。这样，就为第一、第二、第三产业协同发展，从而带动区域经济增长创造了可能。我国的部分地区可根据自己的实际借鉴这样的城镇化模式，在规划上控制对农业用地和开发空间的消耗，提高现有城镇土地和开放空间的利用效率。

4.2.3 美国经验——基础设施建设

从美国的做法中可以看出，美国对基础设施建设投入巨大，极大地促进了其城镇化与区域协调发展，这非常值得学习。基础设施是生产力要素的一种具体体现，它在一定程度上反映了一个现代化社会的物质生活丰富与否，是社会经济现代化的重要标志之一。基础设施建设是推进城镇化进程、提升城镇化质量必不可少的物质保证，是经济布局合理化的前提，是实现区域经济、社会和环境协同发展的基本条件，对区域经济的协调发展起着举足轻重的作用。

新中国成立以后，特别是改革开放以来，我国的水路、铁路、高速公路和民用航空事业都取得了长足的发展，汽车也已经得到了普及。但与美国相比，中国交通设施的发展底子薄、起步晚、发展时间短，还存在较大的差距。数据显示，截至 2014 年底，全国铁路营业里程达到 11.2 万公里（其中高铁营业里程达到 1.6 万公里），约为美国的铁路总里程的一半；公路总里程 446.39 万公里（其中高速公路里程 11.19 万公里，排世界第一位。美国约为 9.2 万公里），约为美国的公路总里程的七成。① 2015 年 3 月，民航局局长李家祥透露，现在全国的机场数量才 202 座，美国大大小小的机场是 1.97 多万座，巴西、南非有 700 多座，印度也有 350 多座。无论和发达国家还是和发展中国家比，中国的机场建设远远滞后。② 数据表明，到 2015 年末我国高速公路里程达到 12 万公里，覆盖 20 万人以上城镇人口城市的比例达到 90%，但尚未达到中等城镇全面覆盖，较小的县城和乡镇更是难以覆盖。交通设施发展的不足和向大城市的集中，进一步加剧了中国大中小城镇发展资源的不均衡性，中小城镇发展机会越来越少，这样将极为不利于我国区域均衡发展、城乡一体化建设和大中小城镇协调发展。

基础设施建设是一个产业关联度大、劳动密集型的产业，是拉动经济增长的有效途径。在当前区域规划战略升级和稳增长的背景下，基础设施建设的互联互通和投资拉动效应愈发凸显。因此，借鉴美国经验，在我国城镇化的建设进程中，首先需要做到交通设施的大发展。上述分析发现，我国的公路、铁路和民用航空仍存在很大的发展空间。其次要注重加快中小城镇交通的发展。要通过交通差距的缩小进而减小区域、城乡发展的差距。最后，要加快汽车、高铁和大飞机等核心技术的开发和掌握，切实降低交通、物流的建设成本，进而促进城镇化的较大发展。

4.2.4　日本经验——完善的法律法规

日本在城镇化过程中先后颁布了许多有利于城镇化的相关法律法规，通过这些法律法规的有效干预，保证了日本在第二次世界大战后经济高速发展，城镇化与经济发展携手共进、相互促进。城镇化涉及的相关法律法规很多，我国在这方面还处于起步阶段，许多方面还要不断完

---

① 《2014 年交通运输行业发展统计公报》。

② 民航局长称中国机场数量远远不够 [EB/OL]. http：//www.yicai.com/news/2015/03/4582076.html

善与发展。

区域发展方面。近年来各种国家和地方层面发展战略出台，规划很好但落到实处扎实发展的不多。一些地方因为政府领导的更替或是一遇到发展阻力，就将相关规划束之高阁。

户籍制度方面。虽然我国的户籍制度在 2014 年出现了整体框架的改革，但是各方面的细则都没有相应地出台，相关部门应尽快出台配套的法律细则条文，使农村剩余人口合理有序转化为非农业城镇人口，真正解决"伪城镇化"① 现象。

环境保护方面。针对城镇化逐渐成为我国经济平稳较快增长主力的现实，城镇化所带来的高污染和高能耗等问题亟待妥善处理。调研发现，现有的法律法规还不能够有效地保护当前的环境。我国可以借鉴日本制定法律的经验，在环境保护方面加强立法，制定环境保护法律法规，建立和健全生态补偿机制。

城镇拆迁方面。拆迁问题是当前城镇化建设中关注的热点与难点。虽然我国出台了《物权法》（2007 年）和《国有土地上房屋征收与拆迁补偿条例》（2011 年），对土地拆迁中土地征用、补偿标准、利益的界定等作出了明确的规定，但是各地的细则都不够完善，要妥善安置处理各类拆迁问题，针对纠纷解决机制、防范犯罪等方面制定法律法规，确实保障城镇化的顺利进行。

4.3　我国城镇化与区域协调发展现状

2014 年的我国城镇化率为 54.77%，城镇体系日益完善，布局日趋合理，与区域发展进一步协调。加强区域合作，推进区域经济一体化建

---

① "伪城镇化"又称为"不完全城镇化"，是指受我国城乡分割以及户口制度的约束，大量的农村产业工人，虽然居住在城镇并被计算为城镇人口，但其并不能同等享受到城镇的各类公共服务，其收入水平、消费模式无法等同于一般城镇人员。

设，依靠地区优势不断提高国际竞争力，已经成为当前世界区域经济发展的一个基本趋势。限于研究条件，这里重点考察了北部湾（广西）经济区、珠江三角经济区、长三角经济区城镇化与区域协调发展现状。

4.3.1　北部湾（广西）经济区城镇化与区域协调发展现状

北部湾（广西）经济区位于我国沿海西南端，由南宁、北海、钦州、防城港等四市所辖行政区域组成，陆地国土面积约为 4.25 万平方公里，海域总面积近 13 万平方公里，海岸线长 1629 公里，2014 年末总人口 1383.37 万人。北部湾（广西）经济区是广西五大经济区之一，也是广西对外开放的重点区域。从国内发展格局看，北部湾（广西）经济区是西南地区最便捷的出海口，也是双向沟通华南与西南的结合部。2014 年北部湾（广西）海洋经济产业产值 900 多亿元，同比 2013 年增长超 30%。

自从 2008 年 1 月国家批准实施《广西北部湾经济区发展规划》国家战略以来，一批大型项目已经开始投资建设。中石油钦州千万吨炼油项目、千万亩速生林支撑的芬兰斯道拉恩索和印度尼西亚金光集团两大林浆纸一体化项目等 7 个 "一千万" 项目，以及电子产业、铁路改造等两个 "一千亿" 项目都在务实推进。另外，经济区内将建设 21 个产业园。北部湾（广西）经济区将建设 "出海、出边、出省" 通道，打造 "一小时经济圈"，而未来北部湾码头建设投资将超过 1000 亿元。国家在北部湾（广西）经济区内相继批准成立建设了钦州保税港区、南宁保税物流中心、北海出口加工区保税物流园等。优越的区位、优惠政策、产业快速发展，以及大规模基础设施极大地推动了北部湾（广西）经济区经济发展，城镇化步伐全面加快。

在推进新型城镇化进程中，南宁积极树立人本的理念，通过产业、人口的集聚，全面统筹和协调、集群城镇和绿色环保的途径，重点打造五象新区，持续推进 "中国水城" 和 "中国绿城" 建设，实现新型城镇化可持续发展。2012 年 4 月，南宁市出台《南宁市"十二五"小城镇建设发展规划》，提出通过小城镇的差异化、特色化发展为大城市发展提供支撑，从而推动整个南宁市的城镇化进程。规划要求加快建设一批小城市和城镇，形成服务和能带动周边发展的片区中心；推动南宁市 6 个城区按照各自功能定位加快建设发展，统筹城市中心区周边的吴圩、苏圩等外围 10 多个重点城镇的建设；加快沿着重要的经济走廊和交通干线发展，加快形成中心城—大塘、中心城—六景—横县（横州）等两条主要发展轴线。数据显示，2014 年南宁市固定资产投资约达 2886.68 亿元，比上一年增长约 18.7%，比全区高出 2 个百分点。其中，更新改造投资约为 853.48 亿元，比上一年增长约 17.2%。2014 年南宁市社会消费品零售总额达 1616.9 亿元，比上一年增长约 12.1%；城镇居民人均可支配收入为 27075 元，同比增长约 9.1%；农村居民人均纯收入 8576 元，比上一年增长 11.6%；居民消费价格同比增长 1.6%；城镇新增就业 8.58 万人，城镇登记失业率为 2.95%；万元生产总值能耗下降到 8.5%，超额完成自治区下达的年度目标；化学需氧量、二氧化硫提前完成"十二五"规定的减排任务；提前完成自治区下达的 57 个淘汰落后产能项目的任务；成功申报了国家节能减排财政政策综合示范城市；全年环境空气质量（AQI 指数）优良率高达 80%，同比提升 5 个百分点；保障性住房建设有序推进，新开工 17016 套，基本建成 20896 套；棚户区改造也深入推进，完成 12450 套，投入财政资金建成拆迁安置房 3283 套。[121] 南宁市 2014 年城镇化率为 58.39%，已经完成规划中到 2015 年南宁市城镇化率将达到 58% 的目标。①

北海市在大力推进《广西北部湾经济区发展规划》建设的同时，不断加快构建北海"一带两湾"城市发展的新格局，通过建设海景大道，将廉州湾和铁山港湾连接在一起。廉州湾以北海工业园区、合浦工业园和北海出口加工区为依托，重点发展无污染或污染较少的旅游业、高新

---

① 2015 南宁市政府工作报告，《广西统计年鉴 2014》。

技术产业、先进制造业、加工贸易和水产品、农产品加工业等。铁山港湾主要发展林浆纸、石油化工、大型电力和船舶修造等临港型产业，以产业化发展推动城镇化建设。数据显示，2014 年地区生产总值达到 856 亿元、增长 12.5%，是全区 14 个设区市中唯一完成预期目标并实现两位数增长的城市；财政收入达到 127.4 亿元、增长 12.1%；固定资产投资达到 786.2 亿元，增长 16.5%；规模以上工业总产值达到 1597.9 亿元，增长 22.7%；城镇居民人均可支配收入达到 25818 元，比上一年增长 10.3%。在产业大发展的带动下，北海市加强城镇建设管理，完善提升城镇基础设施和公共服务，提高城镇综合承载力和吸引力，以城中村居民和进城务工经商农民为突破口，引导更多农民转向非农产业，有序推进农业转移人口市民化。2014 年北海市城镇化率达 54%，比上一年约增加 1 个百分点。①

　　钦州市围绕建设现代化临海工业城市的战略定位，坚持中心城市带动，加快区域性中心城镇建设，坚持产城融合发展理念，积极打造滨海新城作为北部湾生产服务基地，为钦州市大港口、大工业提供了重要支撑，同时也加速了钦州城市的扩张，使城镇化水平日趋提高。钦州市坚持规划先行，依照"东拓南进、向海发展"的城镇发展思路，以及"中心集聚、轴线拓展"的城镇化发展理念，大力围绕"把钦州建设成为区域性国际航运物流枢纽、产业合作枢纽、市场交易枢纽和宜商宜居海湾新城"的城市性质定位，积极加强城乡发展规划、产业发展规划与土地利用总体规划方案的衔接。在城市总体规划的科学导向下，规划体系建设不断取得新成绩，滨海新城、三娘湾旅游管理区、中马钦州产业园区、钦州保税港区、钦州港区、河东高新区，以及科教园区等发展规划加快完成，为新城区发展提供了科学依据。钦州市还多渠道、多平台融资，加大城市基础设施建设投入，建设力度和承载能力进一步增大，城镇跨越式发展的支撑能力进一步增强。按照发展路、生态路、民生路的

---

① 2015 北海市政府工作报告，《广西统计年鉴 2014》。

理念，积极打造 20 分钟城市通达圈，以实施"一环六横六纵七通道"路网建设为契机，着力推进城市路网建设。2014 年钦州市城镇化率达36.12%。比上一年约增加 0.78 个百分点。①

防城港市以大城建为核心，以加强城市基础设施建设、扩大城区规模、改善人居环境为主线，突出"滨海、门户、生态"三大特色，依照"三湾三岛一核心六组团"的总体发展布局和"四沿线、四片区、两景区、两改造"的城市基础设施建设纲要，大力推进城市建设百项工程，城镇化水平明显提高，基本上形成了由"一个中心城区—三大城区—十六个镇"组成的城镇体系。[122]防城港市区位优势明显，在城镇化建设进程中，积极抓好城区新一轮总体规划的修编，融入海洋文化、"边海山（上山、下海、出国）"特色旅游元素，强化城镇综合管理，不断提升城镇品位，进一步拉动相关产业和现代服务业，城镇化建设进程加快，宜居、宜游、宜业、宜学滨海特色的美丽生态海湾城市初步形成。2014 年，防城港市城市城镇化率达 54%，比上一年约增加 1 个百分点。②

近年来，北部湾（广西）经济区的城镇化率由 2005 年的 39.23% 提高到 2013 年的 51.1%，增加了 11.87 个百分点，年平均增长近 1.5 个百分点，基本形成了"双极（南宁 + 沿海）、一轴（南宁—滨海城镇发展主轴）、一走廊（玉崇发展走廊）"的空间发展结构，构筑了以南宁为主中心，以北海、钦州、防城港、玉林、崇左等五市为区域性副中心，以相关县城和重点镇为地区性中心城市（镇）"一主、五副、多中心"的多层次城镇体系，形成特大城市、大城市、中等城市、小城市和小城镇的协调发展结构。

尽管北部湾（广西）经济区的城镇化发展取得了骄人的成绩，但调研发现，北部湾（广西）经济区的产业布局趋同，一些沿海工业园区环

---

① 2015 钦州市政府工作报告，《广西统计年鉴 2014》。
② 2015 防城港市政府工作报告，《广西统计年鉴 2014》。

保基础设施建设相对滞后，工业园区污水废水收集处理不够；城镇管理
水平仍有待进一步提高，城镇功能和高品位的人居环境有待加强等问题
直接影响了中心城区的聚集效应，同时制约了辐射和带动区域经济社会
发展的能力；部分地区过度填海、对沿海湿地过度开发和利用，在一定
程度上破坏了自然环境和海洋生态系统。

4.3.2　珠三角经济区城镇化与区域协调发展现状

　　珠江三角洲是组成珠江的西江、北江和东江入海时冲击沉淀而成的
一个三角洲，面积大约 5.5 万平方公里。2009 年 1 月 8 日，国家发展和
改革委员会在国务院新闻办举行的新闻发布会上发布了《珠江三角洲地
区改革发展规划纲要（2008－2020 年）》。这使得珠三角经济区（以下
简称"珠三角"）发展一跃上升为国家战略。《纲要》规划范围以广东
省的广州、深圳、珠海、佛山、江门、东莞、中山、惠州和肇庆九市为
主体，辐射整个泛珠江三角洲区域，并将与港澳紧密协作的相关内容纳
入规划，促进珠三角进一步发挥对周边的辐射带动作用和对全国的先行
示范作用。珠三角经济区的战略定位为：探索科学发展模式试验区、深
化改革先行区、扩大开放的重要国际门户、世界先进制造业和现代服务
业基地及全国重要的经济中心。

　　改革开放 30 多年以来，珠三角经济区充分发挥改革"试验田"和
"桥头堡"的作用，依托毗邻港澳的区位优势，抓住国际产业转移和要
素重组的历史性机遇，加速人口和经济要素的高度集聚，城镇化水平快
速提升，基础设施建设进一步完备，形成了一批富有时代气息又具备岭
南特色的现代化都市，成为我国三大城镇密集地区之一。近几年，珠三
角经济实力进一步增强，呈现工业化、城镇化、信息化和国际化互动共
进的良好格局，经济总量继续保持快速增长态势，经济结构调整取得较
大进展，产业进一步优化升级，经济效益进一步提高，区内人民的生活
水平和质量有了较大提高。[123]2013 年珠三角区主要经济指标及占广东省

比重相关数据如表 4.1 所示。数据显示，2013 年珠三角区城化率为
84.03%，GDP 占广东省近八成。

表 4.1　　　　2013 年珠三角区主要经济指标及占广东省比重

主要经济指标	土地面积（平方公里）	常住人口（万人）	城镇人口（万人）	GDP（亿元）	出口总额（亿美元）	进口总额（亿美元）	实际外商直接投资（亿美元）
数额	54754	5715.19	4802.55	53060.48	6070.93	4403.38	230.62
占广东省比重（%）	30.5	53.7	66.6	79.0	95.4	96.7	92.4

资料来源：《广东统计年鉴 2014》。

　　珠三角城市群空间结构的演变过程与其区位和国家政策息息相关。
分析不难发现，当前珠三角城市群为双核驱动多元发展模式。这是因为
改革开放后深圳的崛起，使之成为与广州并驾齐驱的地方中心城市，形
成了以广州和深圳为双核的城市群体。实践已经证明，双核驱动对于区
域经济的提升作用明显。① 2000 年之后，珠海、佛山、中山、东莞等城
市也相继进入大城市之列，珠三角城市群体功能呈多元化，区域交流更
加密切，逐渐发展成为城乡一体、类型完备的多层次城镇体系，双核驱
动模式逐渐向双核驱动多元发展模式演化。当前，珠三角区已经形成东
中西三大城市群体。东翼地区包括深圳市、东莞市和惠州市三个城市；
中部以广州为中心，还包括佛山市和肇庆市；西翼地区指珠江口以西
和银湖以东的地区，包括珠海市、中山市和江门市。这三大城市群在
空间布局上呈"倒三角形"结构，构成整个珠三角城市群协调有序
发展。

　　近 10 年来，珠江三角区不断调整和优化产业结构，始终保持经济
发展的"排头兵"地位，逐步形成了资金、人才、管理、技术和环境
等区域优势，全面参与国际竞争的能力不断增强。表 4.2 数据显示，

---

　　① "双核"驱动是快速有效提升省域经济总量的捷径。如广东的广州、深圳，福建的福
州、厦门，浙江的杭州、宁波，山东的济南、青岛等。

2013 年广州和深圳两市 GDP 进入或接近 1.5 万亿元，两市总和超全国 GDP 总量①的 5%，珠三角各市 2005 ~ 2013 年 GDP 每 5 年增速大都超 80%。

表 4.2　　　　珠三角各市 2005 ~ 2013 年 GDP 和 GDP 增速情况

城市	2005 年	2009 年	2013 年	5 年间增长幅度变化（%）
	GDP（亿元）	GDP（亿元）	GDP（亿元）	
广州	3758.62	7050.78	15420.14	87.6 ~ 118.6
深圳	3585.72	6765.41	14500.23	88.7 ~ 114.3
珠海	476.71	886.84	1662.38	86.0 ~ 87.4
佛山	1578.49	3588.5	7010.17	127.3 ~ 95.4
江门	617.81	1095.33	2000.18	77.3 ~ 82.6
东莞	1452.52	3151.01	5490.02	116.9 ~ 74.2
中山	572.05	1210.69	2638.93	111.6 ~ 118
惠州	586.46	1085.11	2678.40	85 ~ 146.8
肇庆	328.3	616.55	1660.07	87.8 ~ 169.3

资料来源：《广东统计年鉴 2014》和 2013 各地国民经济和社会发展统计公报。数据由于统计时间或存在微小不同。

　　分析发现，近年来在高速公路网络快速延伸和综合投资环境迅速改善的共同作用下，珠三角区传统产业由大城市加速向周边区域"扇状转移"。与此同时，传统制产业的外迁为珠三角区加快向现代制造业、高端服务业转型及产业升级提供了资源与机遇，出现了产业链比较完备的电子信息产业集群、机械装备工业产业集群和汽车工业产业集群。近年来，珠三角区积极推动区域内外的合作，先后出台了《珠江三角洲航道建设项目实施意见》《珠江三角洲城镇群协调发展规划（2006 – 2020）》《珠江三角洲地区改革发展规划纲要（2008 – 2020 年）》《珠江三角洲环境保护规划》和《珠江三角洲城乡规划一体化规划（2009—2020 年）》

---

① 2013 全国 GDP 总量约为 58.8 万亿元。

等规划措施，并借助国家"大珠三角"① 和"泛珠三角"② 建设契机，促进区域资源整合、加快产业转型和升级优化，使区域经济合作进一步加深，区域内外各种要素将得到优化整合和利用。

珠三角经济区的城镇化和区域协调发展成绩喜人，但调研发现，目前珠三角地区经济活力引力趋于下降，加工贸易产业萎缩，生产要素成本上升。工业用地开发利用成本增大，土地资源日渐匮乏，造成一些优势项目无法及时落地。产业结构优化升级动力不足，高精尖产业缺乏，高外贸依存度也使得珠三角的发展受限。另外，由于不同的政治体制，粤港澳区域合作的效能受限，人、财、物等生产要素不能自由流动，制约了区域协调、整合的广度与深度。

4.3.3 长三角经济区城镇化与区域协调发展现状

长三角经济区作为中国最早和最成熟的现代意义上的经济区，长三角经济区自改革开放以来，地域范围、经济规模及人口总量等不断扩大。截至 2013 年，长三角经济区已经发展为以上海为中心，空间范围包括：北至陇海线，南抵浙南山区，西至京九线，东临黄海、东海，行政区域涵盖沪苏浙皖 40 个地级及以上城市。③ 长江三角洲地区区位条件优越，自然禀赋较为优良，经济基础雄厚，相关体制比较完善，城镇体

---

① "大珠三角"有两个不同的概念，一指"小珠三角"和港澳，另一是指粤港澳。目前通常所说的"大珠三角"就是指广东、香港、澳门三地构成的区域。

② "泛珠三角"又叫"9＋2"，"泛珠三角"计划是指沿珠江流域的广东、福建、江西、广西、海南、湖南、四川、云南、贵州9个省（区），加上香港和澳门两个特别行政区在内的11 个地区合作，共谋发展。这些地区直接或间接地与珠江流域的经济流向和文化有关，且在资源、产业、市场等方面有较强的互补性。这一计划由广东省倡导，得到了其他地区的热烈响应。"泛珠三角"地区陆地面积为 199.45 万平方公里，人口 4.46 亿人，占全国面积的20.78％，人口的 34.76％。

③ 长三角城市经济协调会会员城市经过 2010 年和 2013 年的两次扩容，合肥、盐城、马鞍山、金华、淮安、衢州、芜湖、滁州、淮南、丽水、温州、徐州、宿迁和连云港加入，由最初的 16 个城市扩充到 30 个。

系合理完整，科教文化发达先进，已成为全国发展基础最好、体制环境最优、整体竞争力最强的区域之一，在我国社会主义现代化建设全局中具有相当重要的战略地位。[124]数据显示，34.4万平方公里的长三角超级经济区，2014年常住人口约为2.2亿人，以全国3.58%的国土面积贡献了全国1/4的经济总量和1/4以上的工业增加值。

长三角经济区是中国经济最发达、城镇集聚程度最高的地区。从空间角度对长江三角城市群进行分析不难发现，整个长江三角城市群呈横向"W"型，上海位于两个"V"的交叉处，江苏的城市位于北翼，浙江的城市基本位于南翼。不难看出，北翼的城市多于南翼。从行政级别上来说，长江三角洲有国家直辖市上海，副省级城市和省会城市杭州、南京，省会城市合肥，副省级城市、国家计划单列市宁波以及20多个地级市。[125]

最新统计数字表明，长江三角洲的城镇体系已经比较完备，大致形成了由超大城市、特大城市、大城市、中等城市、小城市（县城）、县属镇和乡级镇组成的七级城镇体系，城镇等级较为齐备，类型多样，各类城镇的数量也呈现出"金字塔型"的特点，超大、特大、大中型城市的数目之比分别为1:2:7:20。分析发现，这样一种城镇体系结构较为合理，有利于控制中心城市人口的盲目膨胀，能更好地实现各级城市之间的合理分工，充分发挥城市带的整体优势。[124]2013年长江三角区城镇化率高达65.42%，超全国平均水平11.7个百分点。① 长三角地区的各个城市表现出不一样的发展模式，尤其"内源式"和"外延式"比较常见。"内源式"是指城市的自我发展和自我更新，以上海和南京为代表。"外延式"主要是指城市借助外力来发展城市经济，以宁波和苏州为代表。从城镇化发展历程上来看，长三角区的城镇化速度增长幅度明显高于其他地区，这与改革开放以来长三角地区的经济快速增长是密不可分的。

---

① 根据《中国统计年鉴（2014）》和《中国城市年鉴（2014）》相关数据计算得到。

　　长三角经济区的一体化进程也在合理城镇体系和日臻完善区域交通体系依托下步入"快车道"。长三角区域合作涉及产业、交通、旅游、生态环境治理、信息资源共享、人力资源等广泛领域，硕果累累，一体化进程不断加快与深入，具体体现在交通一体化、信息一体化、市场一体化、产业一体化和制度一体化等五个方面。

　　交通一体化。长三角区域交通高速化、网络化、立体化发展。长三角区域最初主要依托沪宁合、沪杭甬两条铁路互通。随着一系列城际轨道交通项目、高速公路和跨江跨海大桥项目的建成并使用，整个长三角区基本进入"两小时经济圈"时代，大大地促进了长三角由极化向均衡化发展。

　　信息一体化。长三角区信息共享平台不断拓展。在加快各自建设与发展过程中，长三角重视信息资源的共享与协同，建设网络信息共享平台，建设"长三角"信用体系，谋求地区信用工作信息的相互交流、企业信息的相互查询等。信息一体化已成为促进长三角经济发展的重要工具和载体。

　　市场一体化。调查显示，近年来长三角区各地间各类商品和生产要素相对价格方差总体上呈现逐渐平缓、趋于收敛现象，并最终稳定在一个极小的区间里。这说明长三角区域共同市场已逐步形成。

　　产业一体化。分析近年来的经济数据显示，长三角区各地前十大支柱行业随着产业关联度的提升，产业结构正由先前的"同质同构"的低水平趋同向当今的"异质同构"的高水平趋同转变，产业链不断延伸，区域间的分工协作不断增强，区域合作实现集群优势，对外参与国际分工与竞争力增强。

　　制度一体化。长江三角洲城市经济协调会升级为区域合作的常态化机制并不断进行扩容，有效地破除了地方保护和行政边界所导致的市场壁垒。上海明确提出了"服务长三角"的发展定位，苏、浙、皖等外围省份也开始在"接轨上海"方面迈出了实质性步伐。沪苏浙皖四省通过规划编制、合作项目开展等在"长三角金融合作""长三角会展合作"

"长三角城市生活幸福圈构建""长三角无障碍旅游区打造""长三角生态环境保护""长三角医疗保险合作""长三角中心城市治理交通拥堵""长三角进沪客运大巴快捷通行""长三角城市知识产权协作机制"等方面进行区域协作，极大地促进了长三角区域发展和城镇化建设。

尽管长三角经济区的城镇化和区域协调发展取得了骄人的成绩，但调研发现，目前长三角地区的战略与规划相对滞后，空间瓶颈制约核心区经济外溢。随着外来务工人口的大量涌入，长三角地区城市的交通压力不断增大，城市病日益凸显。地区之间各自为政依然存在，严重阻碍了经济相关资源的自由流动及跨区域间的经济合作与交流，区际利益协调机制有待完善。[126]特大、大城市辐射能力还有待加强，一些中小城市的城镇化质量不容乐观，特别是中心城市郊区乡镇的城镇化的建设还较为落后。长三角地区的区域公共治理体系严重缺失，城市产业结构趋同严重，城市间分工不够明确，产业集群程度与创新能力不足，还有待进一步加强与改善，基础设施体系建设缺乏协调，区域整体衔接性不够。

4.4　我国城镇化与区域协调发展存在的问题

区域协调发展，关系到社会主义现代化建设的全局和全面建成小康社会奋斗目标的最终实现。党的十八大提出要"积极稳妥推进城镇化，提升城镇发展质量和水平"，更多要依靠经济发展方式转型和城乡区域发展协调互动来不断增强长期发展后劲。我国城镇化与区域协调发展从整体上分析来看呈现伪城镇化、冒进城镇化、区域城镇化发展不协调、城镇化发展方式未能实现集约化、城镇规模结构不适当、城镇服务功能不强和区域协调发展管理体制不适应等七大问题。

4.4.1　伪城镇化

我国城镇化目前仍处在"伪城镇化"状态。现有城镇化率的统计口径中除了包括 1.45 亿人左右在城市生活 6 个月以上，但没能享有与城市居民同等的公共福利和政治权利待遇的农民工外，还包括约 1.4 亿人在镇区生活但从事农业生产的农业户籍人口，这些并没有真正转变身份的人口约占现行城镇总人口的一半。数据表明，当前我国城镇人口的增量中，71.8% 是农业户口。然而，只要大部分农民工没有非农业户口或在城镇实现永久性定居，任何人口城镇化指标中体现出来的高城镇化率都是"伪城镇化"或"不完全城镇化"。伪城镇化造成农民进城后的发展权益无法保障，相关社会问题频频发生。

4.4.2　冒进城镇化

我国城镇化存在冒进现象，增长速度过快。第 2 章中已经对欠发达地区冒进城镇化进行了界定，把城镇化率年均增长超过 1.5% 的称为欠发达地区冒进城镇化时期。发达地区冒进城镇化本书没有界定，但冒进城镇化的特征和给社会生产生活带来的严重恶果，在任何区域都是一样的。

分析发现，冒进城镇化有两个显著特征：一是土地城镇化快于人的城镇化。许多地方出现城镇建成区剧增、城镇郊区化泛滥问题。众多单位往郊区搬迁，大量土地资源被占用，大搞圈地造城，尤其是开发区、大学城建设。还有一部分是行政区划调整（大量的撤乡并镇，2014 年乡镇总数减少至 32929 个，比 2002 年 39240 个减少 6311 个）及城镇面积的增加带来的结果。① 这些区域的产业结构极不合理，也基本上没有城镇所需的基础设施和公共服务供给，基本上与农村无异。二是经营城市管理城市的冲动超越了客观经济发展规律，在城镇化率上进行相互攀比和竞赛。近年来，各地纷纷把提高城镇化率作为政绩目标，一味追求国民生产总值的快速增长，并在工业开发区、新城区建设等方面相互攀

---

① 2009 年民政事业发展统计报告，《中国统计年鉴（2004）》。

比，形成了盲目竞争与发展态势，缺乏科学发展观的引导与监督管理。许多城镇的发展像摊大饼一样铺开，一味贪大求全并彼此攀比，大量土地被占用（见表4.3），失业人口增加，造成资源、生态和环境状况严重恶化，社会风险增加。此外还造成城镇空间结构不合理，城镇交通问题突出。

表4.3　　　　　　我国部分城市建成区面积及扩展情况　　　　单位：平方公里

城市	1984 年	1997 年	2003 年	2005 年	2011 年	2013 年	30 年间扩展倍数
北京	366	488	1180	1182	1231.3	1306	3.6
上海	181	412	550	820	998.7	999	5.5
天津	242	380	487	530	710.6	736	3.0
广州	206	266.7	608	735	990.1	1024	5.0
南京	120	177	447	513	637.1	713	5.9
杭州	107	105	275	314	432.9	462	4.3
重庆	73	190	445	492	1034.9	1115	15.3
西安	133	162	204	231	342.5	424	3.2
南宁	68	87	125	170	225.65	283	4.2
南昌	65	85	85	109	208	249.5	3.8

资料来源：《中国城市统计年鉴（1985－2014）》和各地历年统计年鉴。数据由于统计时间或途径不同部分存在较大差异时，取各地历年统计年鉴数据。

4.4.3　区域城镇化发展不协调

我国区域城镇化发展不平衡，呈明显的东高西低特征，中西部地区除省会城市和个别经济发达的小城市外，城镇化发展还处于一个较低的水平。地区自然环境、经济基础等方面存在的差异往往导致地区间的发展不平衡。这种现象与我国区域经济发展不协调是一致的。

数据表明，2000～2014 年间，我国东部地区城镇人口的增长数量占全国城镇人口的增长数量近五成,① 长三角、珠三角和京津冀三大城市群地区集中了全国超七成的跨省流动人口。[127]研究发现,人口长距离、大规模的流动和资源大跨度的调运,不仅极大增加了我国经济社会运行和发展的成本,而且不利于现代化建设进程的全面推进,也不利于国家安全的保障。区域城镇化发展不协调还表现在城乡发展差距显著,社会稳定隐患增加。1978 年我国城镇居民人均可支配收入与农村居民人均可支配收入比约为 2. 56,2007 年这一数值扩大到改革开放以来的最高水平3. 33,之后开始回落。2013 年为 3. 03,2014 年两者之比为 2. 92,略有下降,为 2002 年以来最低值,如表 4. 4 所示。

表 4. 4　　　　1978 ~ 2014 我国城乡居民人均可支配收入比变化情况

年份	农村居民人均可支配收入（元）	城镇居民人均可支配收入（元）	城乡差（元）	城乡收入比
1978	133. 6	343. 4	209. 8	2. 57
1995	1577. 7	4283	2705. 3	2. 71
2000	2253. 4	6280	4026. 6	2. 79
2001	2336	6860	4494	2. 90
2002	2476	7703	5225	3. 11
2003	2600	8472	5872	3. 26
2004	2936	9422	6486	3. 21
2005	3255	10493	7236	3. 22
2006	3587	11759	8172	3. 28
2007	4140	12786	9646	3. 33
2008	4761	15871	11020	3. 31
2009	5153	17175	12022	3. 33
2010	5919	19109	13190	3. 23
2011	6977	21810	14833	3. 13

① 也有学者把这个称为城镇化发展的贡献率。见徐匡迪. 中国特色新型城镇化发展战略研究（综合卷）[M]. 中国建筑工业出版社,2013:25 - 26.

续表

年份	农村居民人均可支配收入（元）	城镇居民人均可支配收入（元）	城乡差（元）	城乡收入比
2012	7917	24565	16648	3.10
2013	8896	26955	18059	3.03
2014	9892	28844	18952	2.92

资料来源：《中国统计年鉴（1978－2014）》，2014 年数据从网络中搜索得到。

4.4.4　城镇化发展方式未能实现集约化

调查发现，我国城镇化发展较为粗放，未能实现集约化，造成资源的浪费、环境的破坏和交通的拥堵等，造成城镇化质量不高，城镇可持续发展受到影响。

一是城镇建设用地未能实现集约化。全国 703 个城市、18599 个建制镇连续 5 年（2009~2013）城镇各类土地利用数据结果分析表明，截至 2013 年 12 月 31 日，全国城镇土地总面积约为 858.1 万公顷（12872 万亩）。其中，城市面积占 47%，建制镇面积占 53%。全国城镇土地面积总量增加约 131.9 万公顷，增幅约为 18.2%，年均增长约 3.6%。其中，全国城市土地面积增幅为 14.5%，建制镇土地面积增幅为 21.7%。[①] 土地面积增长速度总体呈逐渐放缓趋势，但城镇建设用地集约化问题仍很严重，各地产业园、新城区、大学城、商业中心等一拥而上，占用了大量山林与田地。

二是城镇基础设施建设未能实现集约化。主要表现在：（1）网络通信基础设施没有做到共建共享，各个运营商各自为政，自行建设。调研中发现不同运营商通信基站间隔最近的不到 100 米。网络通信管线布置缺乏规划，造成道路经常开挖，给居民出行带来不便。管线在城区如蜘

---

① 中国土地勘测规划院. 全国城镇土地利用数据汇总成果分析报告 [R]. 2014.

蛛网般，与电线、水管等混在一起，安全隐患突出。（2）油气供应基础设施建设也是多头发展，一家连着一家，一家大过一家，有的还建在居民点附近，一旦发生事故，后果不堪设想。

三是城镇产业发展未能实现集约化。产业的集约化发展程度都是由该产业中的资源配置和利用情况、产业规模结构、产业链、产业技术创新，以及管理优化程度等关联要素来体现的。[128]调研发现，许多城镇的功能区划不合理，产业规划没有定位，只顾眼前利益，不看区域的长远发展，什么产业都引进来，产业发展没有在生产材料、产品销售、人才和区域等方面的横向集聚，没有形成合理的产业链，产品单一，抗风险能力弱，效益差。

4.4.5　城镇规模结构不适当

分析各地城镇结构，不难发现，长期以来，大多数区域的城镇体系极不合理。按德国经济地理学家克里斯塔勒（Walter Christaller）设计的 $k=3$ 城镇规模等级结构，城镇体系中特大、大、中、小城市的合适比例应为 1∶2∶6∶18。[48]这种结构更有利于城镇辐射能量通过城镇网络由高到低、依次有序地逐级扩散至整个城镇体系。① 以 2014 年数据为例，武汉城市圈②的特大、大、中等城市比例为 1∶4∶4，只有武汉一座特大城市。又如鄱阳湖生态经济区③特大、大、中、小城市的比例为 1∶1∶6∶20，极不

①　我国在 2014 年重新定义了特大、大、中、小城市标准，这里仍按 1980 版的分类来分析。下同。

②　武汉城市圈，又称"1+8"城市圈、"大武汉都会圈"，是指以中部地区最大城市武汉为圆心，覆盖黄石、鄂州、黄冈、孝感、咸宁、仙桃、天门、潜江周边 8 个大中型城市所组成的城市群，面积为 5.78 万平方公里。武汉为城市圈中心城市，黄石为副中心城市，仙桃为西翼中心城市。2007 年 12 月 7 日，国务院正式批准武汉城市圈为"全国资源节约型和环境友好型社会建设综合配套改革试验区"。

③　鄱阳湖生态经济区是中国南方经济最活跃的地区之一，位于江西省北部，包括南昌、九江、景德镇 3 市，以及鹰潭、新余、抚州、宜春、上饶、吉安市的部分县（市、区），共 38 个县（市、区）和鄱阳湖全部湖体在内，面积为 5.12 万平方公里。2009 年 12 月，国务院正式批复同意《鄱阳湖生态经济区规划》，标志着鄱阳湖生态经济区规划已上升为国家战略层面的区域发展规划。

合理。江西省长期以来一枝独秀，只有南昌一座特大城市。而"双核"驱动是快速有效提升省域经济总量和城镇化发展的捷径。如广东的广州、深圳，福建的福州、厦门，浙江的杭州、宁波，山东的济南、青岛等。武汉城市圈和鄱阳湖生态经济区的大、中等城市也是近 5 年发展起来的，其发展基本上存在规模小、实力弱、质量差等问题，较为严重影响了城镇之间的能量交流。

4.4.6　城镇服务功能不强

城镇服务功能不强突出表现在城镇居民的住房难、出行难、上学难、喝水难、看病难、办事难、呼吸难和娱乐难等方面。调研发现，我国城镇化建设过程中基础设施建设和公共服务设施建设严重滞后，导致城镇服务功能低下。改革开放 30 多年来，我国城镇化建设的重点主要在城市新区和各种开发区等财政和政绩收益明显的方面。各地政府乐于打造新城区，大建商业住房和商业中心，却忽视相关基础设施建设和公共服务设施建设，保障性住房发展缓慢。城市交通和环境状况严重恶化，空气污染加剧，城镇居民出行困难。城镇综合防灾减灾能力低下，内涝、火灾、泥石流等灾害频发，并造成严重恶果。教育、科技、文化、卫生、体育等公共事业服务供给能力不足，城镇居民满意度不高。城镇服务功能不强直接影响了社会公平，还可能形成贫困的代际传递。

4.4.7　区域协调发展管理体制不适应

调研发现，区域管理体制还不够健全，政出多门，机构职能交叉叠存在，资金多头分散，缺乏统一协调的管理机制和较为稳定的资金渠道。各城镇由于财政体制、政绩考核制度等原因，盲目发展，无序开发，地区间产业结构趋同，不合理的低水平重复建设现象比较严重。据第三次全国工业普查数据显示，全国主要工业品有 80% 以上生产能力存在过剩或者严重过剩。一些地方只顾追求 GDP 发展，在不具备生产优势的地区大力发展价高利大的加工业特别是重化工业现象比比皆是。如在水资源严重不足地区发展高耗水产业，在能源匮乏地区发展高耗能产业，在环境容量相对较差的地区继续发展高污染产业。城镇公共治理能力不足，区域协调发展的政策体系还不够完善，资源合理利用和生态环境补偿机制不够健全，面对大规模、高速度的城镇化和工业化进程的挑战，管理出现缺位，科学决策缺失。

第5章 我国欠发达地区城镇化质量提升机制研究

第2章研究发现，欠发达地区城镇化质量的提升和生态城镇化建设要从城镇化的发展度、协调度和持续度三个维度入手。这三个维度与协同理论和生态文明理论紧密联系，包含的方面很多，但研究后仍然可以发现主要集中在农业现代化发展、工业产业化发展、经济全球化发展、信息高新化发展和政府服务化发展等五个方面。基于协同理论和生态文明理论，本书从这五个方面来分析并构建欠发达地区城镇化质量提升机制。

5.1 欠发达地区城镇化质量提升机制

5.1.1 基于协同理论的城镇化动力机制"金字塔"模型①

协同理论由联邦德国理论物理学家哈肯于1977年创立，是研究不同事物共同特征及协同机理的新兴学科。客观世界存在各种各样的系

---

① 本节主要内容已发表：Yu Dajin. Research on the Dynamic Mechanism of Urbanization Based on Synergetics-A Case of Jiangxi Province of China [J]. The Open Cybernetics & Systemics Journal, 2015（9）：69 – 75.

统，这些系统尽管属性不同，却存在着相互影响又相互合作的关系，即一个相对稳定的系统，它的子系统都是依照一定的方式协同地活动，有次序地运动的。协同理论把由多个子系统构成的系统当作研究对象，这些子系统之间经过相互作用，最终整个系统会形成一种整体有序的状态。

区域城镇化发展的历史，从某种意义上来说是区域与区域之间和区域内部各子系统之间协同进化的历史。在城镇化的初始阶段，区域农业和工业等系统自我组织、自我学习和自我进化，协同发展，农业生产水平不断提高，社会分工不断加剧，更多的人从农业劳作中脱离出来，导致了城镇的产生。可以说，城镇化是农村经济发展到一定阶段的产物，农村经济的发展水平是农村城镇化的基础，因此可以把第一产业的发展作为促进城镇化的初始动力机制。当第一产业发展到一定阶段，要求更好的生产工具，促使第二产业不断兴起和发展。第一产业和第二产业协同进化，农业生产的大量剩余劳动力开始向工业转移，工业化是城镇化的先导，工业化为城镇化建设提供了物质基础，支撑了城镇化的发展，因此可以把第二产业的发展作为促进城镇化发展的根本动力机制。伴随着农业化和工业化的协同演进，产业结构将进一步转变，第三产业兴起并壮大，这有利于产业结构的高级化。[129]当农业化和工业化演进到较高阶段以后，对城镇化进程的主导作用逐步由以第二产业为主转变为第二、第三产业并重，因此可以把第三产业当作促进城镇化的后续动力机制。根据上述分析，建立基于协同理论的城镇化动力机制"金字塔"模型，如图5.1所示。

区域城镇化发展表明，在促进城镇化发展方面，三次产业之间存在相互依赖、相互制约和互为因果的辩证统一关系，也就是说城镇化发展的三个动力机制之间是协同作用的。

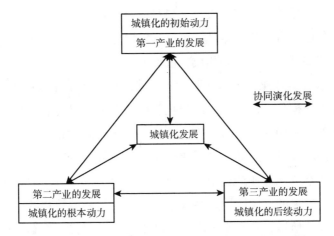

图 5.1　基于协同理论的城镇化动力机制"金字塔"模型

5.1.2　基于生态文明的欠发达地区城镇化质量提升机制

生态文明理论与协同理论密不可分。生态文明是对农业文明和工业文明的生态反思。生态文明不仅关注人与人的关系，更关注人与自然的关系，致力于实现人类社会与生态系统的和谐发展、共同进化，它体现了一种新的生存与发展理念，一次深刻的价值转向和文化转向。[48]欠发达地区城镇化质量的提升与生态文明建设息息相关，离不开三次产业的变革，离不开经济全球化和信息高新化，更需要政府服务的创新管理。

5.1.2.1　农业现代化与生态文明下欠发达地区城镇化质量提升

城镇化质量的提高在推动欠发达地区农业现代化发展方面起到了重要的作用。欠发达地区大多处在中西部地区，这些地区都是农业主产区或农业生产占有重要地位的地区。城镇化水平的提高意味着城镇吸纳了大量的农村剩余转移人口。农村剩余劳动力转移到了城镇，农村人口减少，农村地区劳动力的资源禀赋就相应增加，农机使用率也会相应提高，进而提高了农业生产效率。这就意味着用更少的农村劳动力就能解决粮食生产问题，让更多的农村人口可以进入城市，为城镇化的可持续发展和质量的提升创造了条件。可见，城镇化质量与农业现代化是协调统一的发展关系，两者相辅相成、密不可分。

（1）农业现代化是生态文明背景下城镇化质量提升的基础条件。农业生产在向规模化、优质化、高效化、科技化、标准化、安全化的现代农业发展的进程中，农业劳动生产效率必然会得到大幅提升，也必然会出现大量的农业剩余产品，这样便推动着其他社会分工的发展，也就是说促进非农产业从农业产业中分离出来，进而也带动着工业化进程的发展。在经济发展的一定阶段，客观上要求工业化和城镇化的进程大体同步协调发展。所以，从根本上来说，城镇化、工业化与生态文明的产生与发展，是农业发展的必然产物。此外，农业粮食安全是工业化、城镇化和生态文明的根本保障，是经济发展的坚实基础。这也就表明农业现代化是城镇化发展和城镇化质量提升的最根本条件。

（2）农业现代化为生态文明背景下城镇化质量提升创造了市场条件。农业现代化发展进程中，随着农业生产效率的提升，农业人口收入也不断提高。在这种情况下，会刺激农业人口的消费意愿上升，进而会推动城镇中相关产业的发展。在这一发展过程中，城镇产业结构为迎合市场将会不断进行调整，生产出更多更好地适合农业人口的消费需求的产品来，如农业现代化的发展过程中需要的农业机械、农药化肥等工业产品。同时，城镇基础设施建设也会得到优化，城镇发展规模将得到进一步扩张，城镇化水平也将不断地得到提升。反过来，城镇对农产品的多品种、高质量的市场需求，进一步促进了农业产业和产品结构的优化调整，进而促进了城镇化质量的提升和生态文明建设。

（3）农业现代化为生态文明背景下城镇化质量提升提供了要素条件。农业现代化为生态文明背景下城镇化质量提升提供了人力要素、资本要素和土地要素等条件。农业现代化的发展深入，产生了大量的农村剩余劳动力。而城镇化规模和水平的提升，需要大量的劳动力支撑。这样，农村剩余劳动力不断涌向城镇中，扩大了城镇生产生活人口，刺激了城镇商品生产和商品流通的发展，促进了城镇交通、教育、住房、水电、文化等相关基础设施的建设和完善，吸引着更多渠道的资本包括农村富余资本进入城镇市场，加速了城镇经济的发展，提升了城镇质量。此外，农业现代化过程也将大大提高对土地的利用效率，节约出来的大量土地可以提供给城镇化发展时城镇空间拓展所需。可以说，农业现代化发展中产生的农村剩余劳动力、农村富余资本和农村土地，对城镇化规模的扩大和城镇体系功能的进一步完善与拓展起着重要的推动作用，带动着城镇的繁荣与发展。[130]

5.1.2.2　工业产业化与生态文明下欠发达地区城镇化质量提升

工业产业化的发展可以提高欠发达地区城镇的产业聚集能力，可以提供更多的就业岗位，从而可以带动城镇基础设施的发展，改善城镇居民的生活环境，进而推动城镇化质量的提升。反过来，城镇化质量的提升对工业产业化发展提出了更高的要求，如产业聚集、产业升级、技术改造、绿色生产等，促使工业产业化的发展向更高层次产业文明的发展。

（1）工业产业化发展为生态文明背景下城镇化质量提升提供了坚实的产业保障。发达地区城镇化发展历史经验表明，城镇化质量的提升得益于非农产业的发展。只有不断发展壮大工业产业，优化产业结构，提高产业间的关联度，加快推进工业产业聚集，才能够有效地推动城镇化质量的提升。尤其是高产出、低能耗、低污染相关高新绿色低碳产业的发展更能够为城镇化质量的提升提供坚实的产业保障。

（2）工业产业化发展为生态文明背景下城镇化质量提升所需的人力资源提供发展的平台保障。欠发达地区城镇化质量提高的一个很重要方面就是城镇化水平的显著提高，这样将会有大量的农村剩余劳动力来城市就业。如何吸纳和消化这些人力资源，让他们更好地融入城镇，享受城镇生活，就要提供多而且相对好的就业岗位。大力发展工业，尤其是劳动密集型产业的发展，可以很好地解决这一问题。[131]工业产业化发展为城镇化质量提升所需的人力资源提供发展的平台保障。一旦没有工业化产业发展这一平台保障，城镇的发展与城镇化质量的水平的提升必将成为一句空话。

（3）工业产业化发展为生态文明背景下城镇化质量提升提供充足的资金保障。资金短缺是中国现阶段积极稳妥推进城镇化面临的最大难题之一。2013年中央城镇化工作会议首次明确提出要"建立多元可持续的资金保障机制"。简新华（2014）也指出，资金保障关乎城镇化成败，并认为城镇化所需主要来自土地收益、财政资金投入和社会资本等。[132]

工业产业化进程的推进引发区域产业结构的调整与优化，增强区域的竞争力和吸引力，增加地方财政收入。同时，工业产业化进程的推进也带动着社会经济的全方位、多层次的发展与变革，推动要素商品化和市场化向纵深发展，营造出各种要素合理有序分散或集中的制度基础和宏观环境。工业产业化发展必然涉及工业用地，产业的发展和聚集又可以有效扩大城镇的建设规模，如房地产的开发，进而带来大量的土地收益和社会资本的聚集。这些都为城镇化质量提升提供充足的资金保障。

实践证明，伴随着工业产业化进程的推进，城镇化水平会大幅度提高，工业产业化的发展和产业转型将会显著地改善城镇化质量。最终，随着高新绿色生态产业的发展，城镇化质量和生态文明建设水平会出现明显的改善。

5.1.2.3　经济全球化与生态文明下欠发达地区城镇化质量提升

经济全球化是指世界经济活动超越国界，通过对外贸易、资本流动、技术转移、提供服务、相互依存和相互联系而形成的全球范围内的有机经济统一体，是商品、技术、信息、服务、资本和人员等生产要素跨国跨地区的流动（简单来说也就是世界经济日益成为紧密联系的一个整体）。经济全球化是当今世界经济的重要特征之一，也是世界经济发展的一个必然趋势。

20世纪70年代以来，经济全球化不断加速，促进了城镇空间经济结构的转型和城镇发展模式的变化，使得城市经济和区域协调发展越来越受到外部资本和国际资本的影响。随着全球化进程中资本流动性的增强，各国经济体系的日益开放，城市之间的竞争日趋加剧。我国于 2001 年 12 月加入世界贸易组织，经过 10 余年的发展，各地区尤其是东部沿海地区经济开放程度越来越高。经济全球化不仅深深地影响着我国经济的方方面面，同时也对欠发达地区的城镇化质量的提升和生态文明建设带来了机遇与挑战。经济全球化使资源在全球范围内加速流动，欠发达地区可以利用这一机会引进先进技术和管理经验，以实现产业结构的高级化，增强区域经济的竞争力，促进区域城镇化发展与质量提升。

经济全球化对于生态文明背景下欠发达地区的城镇化质量的提升主要表现在以下几个方面：

（1）就业效应。伴随着我国改革开放和经济全球化发展，生产的国际化越发显现。大量的外商直接投资和我国日益增长的对外贸易，为欠发达地区提供了大量的就业岗位。[133]欠发达地区可以通过吸引外资，扩大就业，使区域劳动力资源的优势得以充分发挥。由于农村部门和城市部门存在工资差异，大量农村剩余劳动力转移到城镇现代工业、服务业部门之后，他们的经济收入水平由此提高，不但缩小了欠发达地区的城乡居民收入差距，而且带动了相关产业的发展，有利于统筹城乡发展与和谐社会的构建。

（2）资本效应。一是资本的流动效应。经济全球化将带来资本全球化。欠发达地区城镇化涉及方方面面，需要大量的资本投入。由于资本的逐利性，发达地区乃至国际上的资本向欠发达地区流动，可以弥补欠发达地区资本要素的不足，促使其积极参与国际国内市场竞争，开发新产品，提高劳动生产率，提高自身的竞争力。资本的流动促进了欠发达地区经济结构的合理优化和生产力的较大提高，对城镇化建设意义重大。二是贸易收入的分配效应。经济全球化将带来贸易全球化。斯托尔珀—萨缪尔森定理（The Stolper-Samuelson Theorem）① 表明，一个国家

---

① 斯托尔帕和萨缪尔森（Stolper and Samuelson）1941 年发表了《保护主义与实际工资》。文中提出关于关税对国内生产要素价格或国内收入分配影响的一种西方经济学理论，被称之为斯托尔珀—萨缪尔森定理。该定理证明了实行保护主义会提高一国相对稀缺要素的实际报酬。

的充裕要素拥有者将会从对外经济贸易中获利，而稀缺要素拥有者将会因对外贸易而利益受损。我国欠发达地区人口众多，自然资源相对丰富，经济开放水平的提高将有利于欠发达地区充分发挥其劳动力优势和资源优势，从而增加欠发达地区的收入，缩小与发达地区的经济差距，进而提高城镇化质量。

（3）科技效应。在经济全球化的过程中会带来科技的全球化，欠发达地区将享受到更多高精尖的技术。由于科学技术的溢出效应，外来企业将迫使欠发达地区本土企业学习能力、自主创新能力的不断提高，市场竞争将会加剧。在这种情况下，投资产业要素的密集度会呈现出由劳动密集型、资本密集型产业向技术密集型产业的过渡，促进地区产业结构的升级，更有利于推进国际先进产业向国内的转移，有利于促进本地区低能耗高效益产业的发展，有利于欠发达地区整体就业环境和居住环境的改善，促进城镇化质量的提升。

5.1.2.4 信息高新化与生态文明下欠发达地区城镇化质量提升

20世纪90年代以来，网络时代的大发展引发了信息革命，信息高新化的发展已经成为推动国民经济发展的巨大动力和促进城镇发展的支柱。近年来，我国开始注重信息化的发展，产业生产也开始注重把信息化融入其中，大力发展信息产业，信息化与工业化更加和谐发展。为更好提高国际竞争力，我国提出了信息产业加速创新发展的战略决策，尤其是从2012年提出的"新四化"[①] 同时发展，更加强调了信息化在区域经济发展中的重要性。信息化可以加快城镇经济增长方式转变，促使产业结构进一步优化。反过来，城镇化也为信息化的发展提供了广阔空间。可以说，城镇化是信息化的主要载体和依托，信息化是城镇化的提升机和倍增器。"信息高新化"包括"信息高速化"和"信息创新化"，它的发展对生态文明背景下欠发达地区城镇化质量的提升主要表现在：

---

① "新四化"指工业化、信息化、城镇化和农业现代化。

（1）城镇经济信息化。城镇经济信息化指在城镇经济大系统内实现统一的信息大流通，使城镇金融、贸易、投资、计划、通关和营销等经济组成一个信息大系统，将生产、流通、分配和消费等经济的四个环节通过信息进一步联成一个统一整体。城镇经济信息化使大量经济信息频繁接触、交流和联系，有价值的经济信息或信息链环节逐渐向城镇集聚，成为城镇竞争力的一个重要来源。

城镇经济信息化的重点是城镇产业信息化。城镇产业信息化一般是指农业、工业和服务业等传统产业广泛利用相关信息技术，大力研发和利用信息资源，建立各种类型的数据库和通信网络，实现生产资料的合理规划、生产过程的有效监控，从而实现产业的升级。欠发达地区工农业产品的信息技术附加值一般来说比较低，城镇产业信息化主要包括产品信息化和企业信息化。可以说，产品信息化是信息化的基础，包含两层意思：一是产品所含各类信息比重日益增加，物质比重日益减少，产品日益由物质产品的特征向信息产品的特征转变；二是越来越多的生产产品中嵌入了智能化元器件，使产品具备越来越强的信息处理功能。企业信息化则是国民经济信息化的基础，一般是指企业在产品的设计、研发、生产、管理和经营等多个环节中广泛采用信息技术，大力培养信息专业人才，完善产品信息服务，加速建设企业信息系统等。[①]

信息化所具有的实时性、交互性和无界性特点促进了资源配置效率的提高，进而影响城镇物流、商务等活动，促进城镇生产方式变革和经济空间结构变化，推动城镇向以节约能源资源、保护环境和可持续的方向发展，进而促进了生态文明建设。

（2）城镇生活信息化。一般认为，城镇生活信息化建设对于推动区域协调发展作用重大，是提高城镇化质量的有效途径。城镇生活信息化使包括云计算、物联网、移动互联网和大数据等在内的信息化技术加速创新并应用普及，同时在城镇化建设过程中引入智慧城市、无线城市和

---

　① 百度百科——信息化。

数字乡镇等一系列全新信息化理念，为城镇相关基础设施的智慧装备与服务普及、城镇布局的优化与完善、城镇公共服务功能的提升和城镇经济的可持续创新发展提供强有力的支撑。[134]

信息化助推城镇化，反过来城镇化质量的提升也为信息化带来更加广阔的生长空间。高质量的城镇化中人们的生活方式日益向信息化转变，更多城镇居民加入到信息消费的队伍中，对网络、通信等信息基础设施建设的需求日益增多。与此同时，随着电子商务等应用的普及与发展，信息技术大大改变了城镇传统的交易方式与消费行为，推动了城镇经济发展增长方式的转变，为城镇化的推进带来集约、循环、低碳和生态的"绿色模式"，提升了城镇化质量。

此外，城镇生活信息化可以打破地域、经济发展水平之间的差异与限制，让乡镇人口也可以便捷地获取各种信息，服务农业生产。这样，城乡融合服务体系得以实现，城乡统筹发展有了更好的实现途径。

5.1.2.5 政府服务化与生态文明下欠发达地区城镇化质量提升

政府是城镇公共治理的主导力量。城镇化发展及其质量的提升，与政府职能的转变密不可分。政府服务化主要是针对我国传统计划经济条件下，政府大包大揽和以计划指令、行政管制为主要行政手段的管制型政府模式而提出的一种新型的民主的现代政府治理模式。[135]政府服务化的最终目标是建设服务型政府。

分析1980年以来我国进行的七次政府职能改革（见表5.1）可以发现，我国历次改革始终围绕转变政府职能，以适应市场经济体制改革。《中共中央关于全面深化改革若干重大问题的决定》在"加快转变政府职能"部分中也明确提出，"科学的宏观调控，有效的政府治理，是发挥社会主义市场经济体制优势的内在要求。"李克强总理在第十二届全国人大二次会议上所做的政府工作报告上也提出，"健全城乡发展一体化体制机制，坚持走以人为本、四化同步、优化布局、生态文明和传承文化的新型城镇化道路。"从党的十八届三中全会公报到国务院政府工做报告，有效的政府治理和新型城镇化建设不约而同被置于同一个时空之下。

当前，欠发达地区城镇化正快速推进，社会利益的价值观也由计划经济体制下的"传统"转向市场经济体制下的"现代"。在这一时期，各种社会问题凸显，欠发达地区政府治理面临的前所未有的挑战。政府治理城镇的本意不是"管制"而是"服务"，核心是通过有效的社会公共服务来保障和维护城镇居民的根本权益，从而实现城镇化质量的提升。[136]

政府服务化对生态文明背景下欠发达地区城镇化质量提升作用巨大，主要表现在：

表 5.1　　　　　**1980 年以来我国进行的七次政府职能改革**

时间	内容		时间	国务院政府机构改革
1982 年，党的十二大	提出要进行机构改革和经济体制改革	→	1982	国务院 100 个部门裁掉了 39 个，人员编制从 5.1 万人减少到 3 万人
1987 年，党的十三大	提出转变职能是行政管理体制改革的关键	→	1988	国务院部门、直属机构由 67 个减为 60 个，国务院人员编制减少 9700 多人
1992 年，党的十四大	提出加快转变政府职能，根本途径是推进政企分开	→	1993	国务院部门、直属机构从 86 个减少到 59 个，人员减少 20%
1997 年，党的十五大	提出要按照社会主义市场经济的要求，积极转变政府职能，实现政企分开，要把企业生产经营管理的权力切实交给企业	→	1998	国务院组成部门由 40 个减少到 29 个
2002 年，党的十六大	提出要在继续转变政府经济管理职能的同时，更加注重全面履行政府职能	→	2003	国务院组成部门由 29 个减少到 28 个，设立国资委、银监会，组建商务部、国家食品药品监督管理局

时间	内容		时间	国务院政府机构改革
2008 年，党的十七届二中全会通过《关于深化行政管理体制改革的意见》	进一步强调深化行政管理体制改革要以政府职能转变为核心，要积极加快政府职能转变，全面正确履行政府职能。要通过改革，实现政府职能向创造良好发展环境、提供优质公共服务和维护社会公平正义的根本转变	→	2008	国务院组成部门设置为 27 个，组建人力资源和社会保障部、住房和城乡建设部、工业和信息化部、交通运输部和环境保护部等 5 个大部
2012 年，党的十八大	提出深入推进政企分开、政资分开、政事分开和政社分开，积极建设职能科学、结构优化、廉洁高效和人民满意的服务型政府	→	2013	国务院设置组成部门 25 个，组建国家食品药品监督管理总局、国家新闻出版广播电影电视总局、国家铁路局、国家卫生和计划生育委员会，重新组建国家海洋局、国家能源局

资料来源：新华网中国共产党历届全国代表大会报告、中国共产党历届中央委员会历次全会报告。

（1）政府服务化为生态文明背景下欠发达地区城镇化质量提升提供组织保障。城镇政府主导着欠发达地区的城镇化发展。一个好的组织机构可以很好地发挥其管理、监督功能，保障制度的有效实施。政府的终极目标是实现城镇经济与社会的协调发展。政府不能一味以经济建设为中心，只注重追求 GDP 的增长，一旦这样，将很容易忽视本该由政府提供的公共产品和公共服务，造成政府行为的失范，影响经济社会的协调健康发展。特别是当前欠发达地区各阶层之间、城乡之间、区域之间的贫富不均明显，两极分化比较严重，政府如果不能及时采取相关措施对其进行纠偏和调控，将严重影响区域城镇化的持续、健康、快速发展。[135]政府服务化更加注重教育、公共医疗、社会福利和社会保障、劳动力失业和培训、环境保护、公共基础设施、社会安全和秩序等方面，能更好地组织城镇公共产品的提供和分配。

（2）政府服务化为生态文明背景下欠发达地区城镇化质量提升提供政策保障。城镇政府是中央政策的执行者，解释国家政策在地方的适用性并制定相关实施方法与细则，为区域发展提供政策指导。同时城镇政府作为国家权力机关，掌握着城镇土地和空间资源的配置。政府服务化能够加强相关政策和城镇规划之间的协调配合，并根据不同城镇的功能定位，在财政、投资、产业、土地环境保护和人口管理等领域，实行分类管理的差别化城镇政策，为城镇化质量的提升创造条件。

（3）政府服务化为生态文明背景下欠发达地区城镇化质量提升提供法制保障。随着经济的市场化、城镇的差异化和社会利益主体的多元化，各种分化与矛盾、博弈与冲突在城镇化建设进程中出现。城镇政府肩负着"裁判员""协调员"等服务角色。政府服务化以服务为宗旨，这意味着政府与公众的关系将转变为服务供给者与消费者之间的关系。政府行使权力的目的，不再主要是为了管制，而是为公众提供更好的服务。政府利用公共权力制定法律法规时就会充分考虑公众的具体情况和需求，保障人民群众的权利，使城镇健康可持续发展。

5.1.2.6　基于生态文明的欠发达地区城镇化质量"五位一体"提升机制

生态文明是迄今为止人类最高级的文明形态。它是人类在改造自然以造福自身的过程中为实现人与自然之间的和谐所作的全部努力和所取得的全部成果，它表征着人与自然相互关系的进步状态。[137]笔者多年前研究认为，生态文明的内涵应当包括优良的生态环境、较高的环境意识、资源节约和环境友好的生产消费模式、可持续的产业（经济）发展模式，以及人与自然和人与人的和谐。[48]这些正好是欠发达地区城镇化质量提升和建设生态城镇的落脚点与关键所在。

农业现代化发展、工业产业化发展可以带来优良的生态环境和可持续的产业（经济）发展模式，可以在不破坏生态平衡的前提下，做到发展不仅要与现存的自然条件相适应，也要顾及子孙后代的利益，要走可持续发展的道路。经济全球化发展、信息高新化发展可以提高公众的环境意识，有利于资源节约和环境友好的生产消费模式的形成。如碳交易和碳金融的兴起，极大地推动了以低能耗、低污染为基础、低碳排放为特征的低碳经济的发展，已经成为我国新兴经济的重要增长点和区域城镇经济发展质量提升的重要抓手。政府作为社会主体之一，不仅履行着社会公共事务管理者的职能，同时还充当着社会资源消费者的重要角色。政府服务化发展为区域城镇化质量提升提供了组织、政策、法制保障，可以更好地通过其政府功能引导人类的生产生活行为，极大地促进了人与自然和人与人的和谐，提升城镇化质量。

综合上述分析，农业现代化发展、工业产业化发展、经济全球化发展、信息高新化发展和政府服务化发展等五个方面对于欠发达地区城镇化质量提升和生态城镇化建设意义重大。为此，要建立基于生态文明的欠发达地区城镇化质量"五位一体"提升机制，如图5.2所示。图中六大方面是相互影响、相互制约和相互促进的，其终极目标是生态城镇化建设。

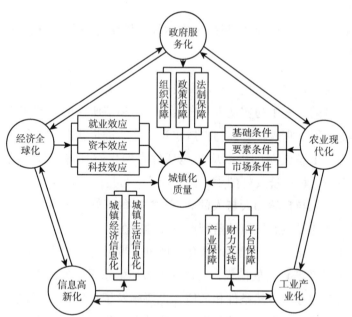

图5.2 基于生态文明的欠发达地区城镇化质量"五位一体"提升机制构建

5.2　城镇化质量提升背景下的创新管理研究

城镇化质量提升离不开产业的发展和低碳城市的建设。大力发展生态旅游产业，加大新能源的开发和利用，进行相关管理创新，对于欠发达地区城镇化建设意义重大。本部分将利用博弈论和系统动力学方法，结合基于生态文明的欠发达地区城镇化质量"五位一体"提升机制，主要从生态旅游产业发展、低碳城市建设中新能源发展、赣江新区产城融合发展和电子商务产业发展等方面研究城镇化质量提升背景下的创新管理。

5.2.1　旅游产业—城镇化—生态环境交互耦合的定量分析——以环鄱阳湖地区为例①

党的十八大以来，中央将促进区域协调发展与积极稳妥推进城镇化作为新时期推进区域经济发展升级和可持续增长的重要抓手，在支撑城镇化发展的产业中，必须结合本区实际，考虑区位优势、资源特色、人口、经济发展水平等方面的诸多因素。旅游产业作为无烟工业，已经成为中西部欠发达地区新型城镇化发展路径的重要选择之一。旅游产业不仅可以有效地提升城市综合单键力，而且还可以推动区域产业结构优化与升级，为城镇化的发展提供动力，加快城镇化的进程。[138-141]鄱阳湖地区处于中部欠发达省份——江西省，生态环境良好，旅游资源丰富，鄱阳湖生态经济区已把生态旅游业作为该区重要的战略性支柱产业，如何在生态环境承载力范围内，发挥生态旅游业的集聚、扩散和产业联动效应以推进城镇化进程，提升城市综合发展能力。反之，以城镇化来完

---

① 本节主要内容已发表：胡振鹏，黄晓杏，傅春，余达锦. 环鄱阳湖地区旅游产业—城镇化—生态环境交互耦合的定量比较及演化分析 [J]. 长江流域资源与环境，2015（12）：2012-2020.

善旅游业的条件支持系统，实现三者的良性互动和协调发展是区域可持续发展的关键。

5.2.1.1 文献述评与耦合机理分析

（1）文献述评。目前，关于旅游、城镇化、生态环境三者关系的研究颇多。Mullins（1991）最早提出旅游城镇化（城市化）的概念。[142]之后学者们开始从理论层面探讨旅游城镇化的特征、类型，论证其形成的动力机制和实现模式。[143]伴随着我国旅游业的发展和城镇化水平的稳步提升，两者相互作用关系的实证研究日渐增多。王兆峰等（2012）、高楠等（2013）研究认为，城镇化与旅游发展之间存在良性的互动关系，两者之间的高度相关性得到较多学者的认可，但也有部分学者的研究结果显示城镇化与旅游业并非是直接的因果关系，而是通过产业结构调整和市场化进程，间接地对旅游经济增长产生正的影响，旅游业则需要通过与区域经济协调才会加快城镇化进程。[139,140,144-146]因此，旅游产业和城镇化相互作用的机理仍需作进一步澄清。

生态环境是旅游业和城镇化发展的依托和载体，旅游增长或城镇化发展和生态环境质量的关系研究是当前国内外研究的热点，早期研究侧重于城镇化或旅游产业与生态环境单要素之间的关系分析，代表性成果有：Grossman 和 Krueger（1995）提出的著名的环境库兹涅茨曲线（EKC），以及国内学者崔凤军（1998）构建的旅游环境承载力模型，揭示了伴随着旅游增长或城镇化水平的提升，生态环境质量呈现阶段性的波动特征。[147-150]近年来，随着研究的不断深入，对旅游或城镇化与生态环境关系的研究已经从最初的单向影响分析转向更高层次的互动共生和耦合协调关系的研究，学者们开始将协同论、系统论引入到城镇化或旅游发展与生态环境之间关系的研究中，探讨两者与生态环境共生互动和耦合协调状况。[151-157]

虽然以往的研究涵盖了旅游产业、城镇化和生态环境三个系统，但大多是探讨旅游产业与城镇化、旅游产业与生态环境及城镇化与生态环境两两之间的协调关系，尚未将三个子系统整合到统一的理论框架中，研究其相互作用的机理。同时，国内外研究空间尺度大多集中于"广域"（国家或省区）或"城域"（城市内部）范围，对于组成城市群（中尺度）的不同城市的比较研究相对较少。为此，这里以鄱阳湖地区（城市群）为例，系统探讨其旅游产业—城镇化—生态环境耦合协调关系及演变趋势，以期对鄱阳湖地区旅游产业、城镇化与生态环境的协调发展提供相关借鉴和理论支持。

（2）旅游产业—城镇化—生态环境交互耦合机理。区域旅游产业—城镇化—生态环境是一个具有高度复杂性、不确定性和多层次性的开放系统，诸要素之间既相互促进又相互制约，存在正负反馈两个方面，三者的交互作用机理如图 5.3 所示。三者之中，生态环境为旅游业和城镇化的发展提供物质基础和资源条件，良好的生态环境可吸引旅游消费和投资，优化区域产业结构，从而提升城镇质量和旅游目的地的形象，过度的城镇化和旅游开发不可避免地对生态环境和资源系统带来巨大压力，从而延缓城镇化进程和阻碍旅游业的发展。与此同时，城镇化和旅游业的发展也为生态环境建设提供重要的资金支持和技术保障。

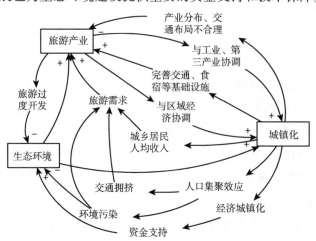

图 5.3　旅游产业—城镇化—生态环境交互耦合机理

旅游产业和城镇化之间的关系更为复杂，两者并非是简单的直接互动关系，既有积极的正面影响，又有消极的负面影响。旅游产业是城镇化的动力产业之一，通过与工业、第三产业的协调来推动城镇化向前发展。当然，在这些产业部门之间，也发生着促进或抑制的作用。旅游产业如与区域经济、工业协调则会加快城镇化，反之，则迟滞城镇化进程。由于旅游产业与第三产业的血脉关系，旅游产业能拉动城镇餐饮、住宿、娱乐、服务和房地产等产业部门的发展，从而推动城镇化的发展。伴随着城镇化进程的推进，城乡居民人均可支配收入也随之增加，以及由于人口集聚效应引发的环境污染、交通拥挤等"城镇病"的出现，进一步扩大了居民对旅游与休闲度假的需求，从而推动相关部门对旅游业基础和配套设施的投资力度，刺激了旅游消费，促进了旅游收入的增加。城镇化通过借助物质资本和劳动力积累、产业结构升级和市场化进程，间接地对旅游经济增长产生积极的影响，促进旅游经济增长。[146]然而，城镇化过程中，如果产业分布、交通布局不合理，会造成与自然景观不协调，从而阻碍旅游业的发展，[142]旅游、城镇化、生态环境三者相互作用，互相影响，彼此耦合。如何协调三者之间的关系对推动区域可持续发展具有重要意义。

5.2.1.2 旅游产业—城镇化—生态环境耦合协调度模型构建

（1）研究区域概况。鄱阳湖生态经济区有良好的生态环境和丰富的旅游资源，以江西省30%的国土面积集中了江西省绝大多数的最优的旅游资源，区内有5个国家森林公园、6个国家风景名胜区、3个国家自然保护区、2个历史文化名城、1个5A级景区、2个世界和国家地质公园、3个世界遗产地及1个国际重要湿地。旅游产业已成为鄱阳湖地区重要的支柱性产业。

鄱阳湖生态经济区作为长三角和珠三角经济带的重要腹地，区位优势明显。但改革开放以来，城镇化与经济发展的步伐都落后于中部地区其他省份，1999年前后，江西省开始逐步推进城镇化进程。同年，江西在全国率先提出"红色旅游"概念，并出台了《关于加快旅游业发展的决定》等相关文件，首次提出将革命圣地作为重要的旅游资源进行战略性研究与开发，并由此推动了旅游业的飞速发展。为此，本书选取1999年作为起始年，根据数据的可得性，延续至2013年。

近年来，随着中部崛起战略、昌九一体化的提出及鄱阳湖生态经济区的设立，该区的城镇化进程及旅游业发展明显加快，城镇化率从1999年的29.2%提高到2013年的52%，15年增加22.8个百分点，平均每年提高1.52个百分点。旅游收入增加迅速，区内旅游城市——九江市，国内旅游从1999年的382万（人次）提高到2013年的3435万（人次）。两者快速发展的同时，对区内生态环境的影响也越来越显著。如何在加快旅游产业与城镇化发展的同时，促进两者与生态环境的协同发展是区域可持续发展的关键。本部分在相关研究基础上对环鄱阳湖城市群1999～2013年6个地级市及整个鄱阳湖地区的协调发展度进行实证分析和定量比较，揭示环鄱阳湖地区旅游、城镇化、生态环境三个系统协调发展度的差异和存在的问题，以期为相关部门合理研究制定鄱阳湖地区的旅游、城镇化和生态发展战略，实现三者协同发展提供理论依据和数据支持。

（2）旅游、城镇化和生态环境三个子系统模型构建。

第一，指标体系。在科学性、完备性和可操作性的原则下，考虑数据的可获得性和可比性，在 CNKI 相关文献及专家意见的基础上，选取三个子系统的指标，指标权重的确定采用熵权法，根据各指标的信息载量的大小来确定指标权重，可以消除主观因素带来的偏差，由于各项指标量纲不统一，为消除各指标数量级的差异使其具有可对比性，采用极差标准化对所选指标进行处理，从而得到三个系统的指标及其权重（见表5.2），处理公式参考文献，[155]在此不再赘述。这里以鄱阳湖地区6个地级市作为研究对象，具体数据来源于江西省及各地级市1999～2013年统计年鉴。

第二，协调发展度模型。本书参照杨士宏建立的协调度模型，[158]根据效益理论和平衡理论，建立旅游产业、城镇化和生态环境三个子系统的协调度模型，即：

$$C = \left[\frac{f(T) \times g(U) \times h(E)}{[f(T) + g(U) + h(E)/3]^3} \right]^k \tag{5.1}$$

式中：C 为系统的协调度；T 为旅游综合水平值；U 为城镇化综合水平值；E 为生态环境综合水平值；k 为系统的调节系数。这里取 $k=6$，可以得出该值式处于 $[0, 1]$ 闭区间上的一个实数，值越大协调度越好，反之越差。协调度是描述系统或要素相互影响程度的一个重要指标。然而，由于系统或要素的交错、动态和不平衡性等特性，协调度很难真实反映系统的整体功效或协同效应。

表 5.2　　　旅游—城镇化—生态环境系统评价指标体系及权重

子系统	评价指标	权　重
旅游 $f(T)$	国内旅游人次	0.1402
	入境旅游人次	0.1217
	国内旅游收入	0.1375
	国际旅游外汇收入	0.1241
	旅游收入占 GDP 比重	0.1329
	旅游收入占第三产业比重	0.1276
	旅游从业人数占总人数的比重	0.1106
	旅游景点（区）个数	0.1054
城镇化 $g(U)$	非农业人口占总人口比重	0.1376
	人均 GDP	0.1241
	城镇密度	0.1204
	工业生产总值占 GDP 比重	0.1287
	第三产业产值占 GDP 比重	0.1103
	人均社会固定资产投资额	0.1015
	人均道路面积	0.0943
	第三产业就业人口比重	0.1036
	城镇居民人均可支配收入	0.0817

续表

子系统	评价指标	权 重
生态环境 $h(E)$	大气中 SO_2 年平均浓度（mg/m^3）	0.1136
	地表水中化学需氧量（COD）	0.1107
	人均工业废气排放量	0.1082
	人均固体废弃物产生量	0.1004
	人均工业废水产生量	0.0996
	工业固体废弃物综合利用率	0.0913
	三废综合利用产品产值	0.1027
	工业废水排放达标率	0.1015
	建成区人均绿化面积	0.0924
	森林覆盖率	0.0801

为此，引入协调发展度的概念，其功能是反映旅游、经济与生态环境的整体综合协调值和子系统总体的效益或贡献水平。计算公式为：

$$D = \sqrt{C \times T}, T = \alpha f(T) + \beta g(U) + \delta h(E) \qquad (5.2)$$

式中：D 为协调发展度；T 为旅游、城镇化和生态环境的综合指数；α、β、δ 为待定权数。由于旅游产业与城镇化的相互促进是不对称的，旅游产业的快速发展能够促进城镇化发展进程，反之城镇化又为旅游产业提供有力支撑，但旅游产业发展并非是城镇化的唯一动力，生态环境在两者的发展中均起到重要作用，故取 $\alpha = 0.2$、$\beta = 0.4$、$\delta = 0.4$。协调发展度等级划分如表 5.3 所示。为全面衡量鄱阳湖地区的协调发展状况，除了对每个城市的协调发展度进行测算，还需要对整个鄱阳湖地区的协调发展度进行测算。计算过程为：把整个鄱阳湖地区看作一个整体，和 6 个城市一样拥有三个子系统，每个子系统的综合水平指数按照 6 个城市的平均值计算，然后采用公式（5.1）和公式（5.2）计算鄱阳湖地区的协调发展度。

表 5. 3   协调发展度评价标准

协调发展度	0.90 ~ 1.00	0.80 ~ 0.89	0.70 ~ 0.79	0.60 ~ 0.69	0.50 ~ 0.59	0.40 ~ 0.49	0 ~ 0.39
等级	优质协调	良好协调	中级协调	初级协调	勉强协调	濒临失调	失调

5.2.1.3 结果与分析

（1）三个子系统的综合水平时序分析。依据表 5.2 中的指标体系，由公式（5.1）和公式（5.2）分别计算出 1999 ~ 2013 年鄱阳湖地区 6 个地级市及整个鄱阳湖地区的旅游综合指数（TDR）、城镇水平综合指数（URI）和生态环境综合指数（EEI），结果如表 5.4 所示。为直观起见，将其绘制成图 5.4、图 5.5。从图 5.4 可以看出，1999 ~ 2013 年，6 个城市中，TDR 高于 URI、EEI 只有九江，URI 高于 TDR、EER 的有南昌和鹰潭，其余三个城市景德镇、抚州和上饶均表现为 EER 高于 TDR、URI。从总体平均水平来看，1999 ~ 2013 年，鄱阳湖地区生态环境指数高于城镇化水平指数，旅游指数处于二者之间，城镇化水平与旅游业滞后于生态环境综合水平。因此，充分综合利用本地区的资源环境优势，加快城镇化与旅游业的发展是提高鄱阳湖地区协调发展水平的关键。由图 5.5 及表 5.4 可以看出，1999 ~ 2013 年鄱阳湖城市群旅游指数总体上呈现缓慢上升的态势，2003 年受非典影响导致指数下降，9 个地级市中除鹰潭外，其他城市在 2005 以后均呈现稳步上升的趋势。增幅较大的城市是九江和上饶，其他城镇增幅缓慢。旅游平均指数从高到底依次为为九江、南昌、上饶、景德镇、鹰潭和抚州。

1999 ~ 2013 年，鄱阳湖地区城镇化变化大致分为三个阶段：1999 ~ 2004 年，城镇化指数处于低水平的缓慢上升趋势；2004 ~ 2009 年，城镇化指数开始呈现快速增长的态势，从 6 个城市比较来看，南昌和景德镇的平均增幅大于其他 4 个城市；2009 ~ 2013 年较前两个阶段增幅变大，城镇化平均水平是 1999 ~ 2004 年的 1.4 倍，是 2004 ~ 2009 年的 1.2 倍，这一阶段中，九江和上饶的平均增幅大于其他 4 个城市。从平均水平来看，城镇化指数从高到低依次为：南昌、景德镇、鹰潭、九江、抚州和上饶。

表 5.4　环鄱阳湖区 6 个城市 1999～2013 年旅游、城镇化、生态环境指数

城市	指标	1999	2000	2001	2002	2003	2004	2005	2006	2007	2008	2009	2010	2011	2012	2013
南昌	$f(T)$	0.512	0.519	0.517	0.519	0.465	0.488	0.506	0.527	0.543	0.548	0.573	0.586	0.602	0.613	0.622
	$g(U)$	0.538	0.542	0.547	0.569	0.581	0.586	0.602	0.624	0.637	0.658	0.665	0.712	0.728	0.742	0.757
	$h(E)$	0.638	0.601	0.633	0.617	0.624	0.617	0.583	0.567	0.546	0.484	0.557	0.569	0.583	0.606	0.613
景德镇	$f(T)$	0.393	0.406	0.412	0.416	0.361	0.398	0.405	0.434	0.448	0.432	0.481	0.507	0.534	0.563	0.578
	$g(U)$	0.436	0.441	0.452	0.473	0.476	0.481	0.507	0.548	0.556	0.567	0.582	0.597	0.614	0.625	0.638
	$h(E)$	0.606	0.578	0.592	0.597	0.596	0.581	0.543	0.515	0.497	0.432	0.486	0.491	0.534	0.546	0.561
九江	$f(T)$	0.566	0.582	0.586	0.595	0.562	0.572	0.604	0.628	0.641	0.668	0.672	0.685	0.701	0.719	0.732
	$g(U)$	0.351	0.357	0.371	0.389	0.393	0.409	0.423	0.457	0.478	0.503	0.528	0.542	0.571	0.586	0.611
	$h(E)$	0.637	0.605	0.634	0.616	0.619	0.593	0.554	0.531	0.502	0.409	0.457	0.482	0.495	0.503	0.51
鹰潭	$f(T)$	0.406	0.419	0.421	0.423	0.374	0.385	0.406	0.407	0.392	0.383	0.406	0.412	0.419	0.427	0.441
	$g(U)$	0.372	0.381	0.397	0.408	0.417	0.421	0.432	0.463	0.476	0.492	0.505	0.539	0.557	0.573	0.582
	$h(E)$	0.539	0.502	0.507	0.472	0.487	0.463	0.391	0.377	0.358	0.291	0.367	0.383	0.402	0.414	0.422
抚州	$f(T)$	0.326	0.323	0.331	0.342	0.293	0.317	0.338	0.353	0.356	0.361	0.398	0.416	0.424	0.435	0.438
	$g(U)$	0.322	0.328	0.344	0.352	0.359	0.373	0.387	0.391	0.397	0.402	0.405	0.421	0.445	0.471	0.486
	$h(E)$	0.724	0.701	0.726	0.701	0.705	0.701	0.676	0.641	0.633	0.613	0.627	0.636	0.643	0.676	0.687
上饶	$f(T)$	0.385	0.409	0.416	0.429	0.391	0.405	0.441	0.457	0.483	0.526	0.568	0.596	0.619	0.648	0.659
	$g(U)$	0.203	0.209	0.218	0.234	0.245	0.256	0.268	0.281	0.288	0.293	0.306	0.332	0.379	0.402	0.435
	$h(E)$	0.649	0.618	0.643	0.635	0.626	0.601	0.581	0.559	0.536	0.468	0.496	0.527	0.546	0.561	0.572

与旅游、城镇化水平相比,生态环境指数波动较大,与城镇化指数变化呈现出一致的阶段性特征。2005年以前,鄱阳湖生态环境指数呈现波动变化的特征,各年平均水平变化不大。2005～2008年,随着城镇化步伐的加快,生态环境水平出现下降趋势,2008年,生态环境指数开始低于旅游和城镇化水平。2009年以后,随着鄱阳湖生态经济区的成立,开始合理调整产业布局和优化产业结构,淘汰一部分高污染企业,生态环境得到一定改善,开始出现稳步回升的态势,但与1999～2005年相比,整体上呈现下滑趋势。生态环境指数从高到低的顺序依次为:抚州、南昌、上饶、景德镇、九江和鹰潭。

(2)协调度分析。由公式(5.1)计算出6个城市及整个鄱阳湖地区三个子系统的协调度,结果见图5.6。协调度可以反映区域城镇化、旅游业和生态环境的平衡程度,三者的发展具有较高的同步性,参照城市发展与环境协调的类型及评价标准,[159,160]将0.9作为协调度的临界值,其中大于0.9的为协调型,小于0.9的为相对失调型。就平均协调度而言,只有南昌达到协调标准,其他城市属于相对失调类型。从走势变化来看,除抚州、上饶外,其余4个城市的协调度波动均较大,南昌、景德镇和九江3个城市变化趋势较为一致,除2003年、2008年分别由于旅游指数和环境指数明显下降导致三个子系统的协调度显著降低外,其他年份均保持稳步上升的态势。协调度变化幅度最大的是鹰潭。鹰潭在1999～2005年期间,协调度值呈现明显上升的趋势,且在2001年达到协调状态,2005～2008年,由于污染加重,开始进入不协调状态,2008年协调度值仅为0.66,2009年以后,虽然有所回升,但仍然处于不协调状态。鹰潭有雄厚的工业基础,该市的铜产业在全国有较高的知名度,2006年,鹰潭的工业化率为4.14,仅次于南昌和景德镇,在6个城市中排名第三。随着工业化城镇化水平的逐渐深入,环境污染问题也日益凸显,2008年,鹰潭的人均废气排放量是抚州的7倍,是南昌的4倍,生态环境指数明显降低是造成鹰潭三个子系统协调度值显著下降的主要原因。抚州、上饶两市除2003年外,其他年份的协调度值均保持快速上升的趋势,2006年以前,由于城镇化水平较为落后，协调度值与其他 4 个城市相比差距较大，2006 年以后，随着城镇化水平的快速提升和旅游业的迅速发展，差距逐渐缩小。

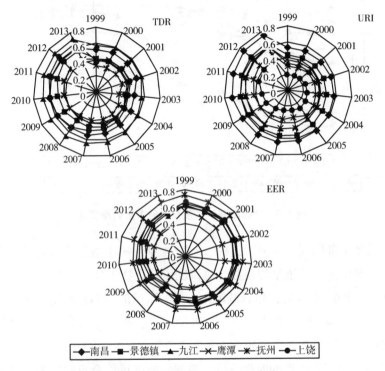

图 5.4 环鄱阳湖地区 6 市旅游、城镇化和生态环境综合评价

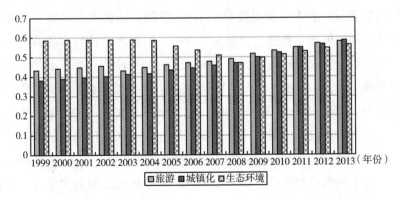

图 5.5 1999～2013 年鄱阳湖地区旅游、城镇化和生态环境指数变化

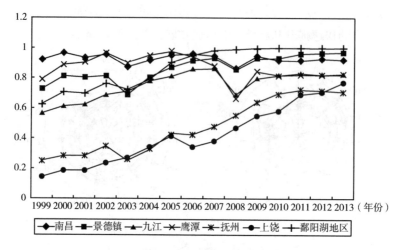

图 5.6　环鄱阳湖地区及 6 个城市协调度变化

就整个鄱阳湖地区而言，1999～2004 年，由于城镇化和旅游综合指数显著低于生态环境平均指数，协调度值一直处于 0.62～0.80，处于失调状态。2005 年以后，随着城镇化水平的明显加快和旅游指数的稳步上升，三个子系统的平均综合水平值开始缩小，鄱阳地区开始上升到协调状态且协调度值在之后的年份中逐渐上升。

（3）协调发展度的时序分析。协调发展度可综合反映旅游—城镇化—生态环境的耦合程度（即协调度），以及三者所在的发展层次（即系统或要素间的总体协调程度或水平）。鄱阳湖地区及 6 个城市三个子系统的协调发展度走势变化如图 5.7 所示，根据波动性特点将其协调发展曲线大致分为三个阶段：1999～2004 年为第一阶段，是三者协调发展度的缓慢上升期，D 值在 0.55～0.62 之间，平均处于勉强协调阶段，除2003 年外，其他年份均保持缓慢上升的趋势。2005～2008 年为第二阶段，是三者协调发展度的快速上升期。虽然总体上 D 值呈现快速上升趋势，但并不稳定，从 2004 年的 0.62 提高到 2007 年的 0.69，平均值为0.67，处于初级协调阶段。旅游和城镇化水平指数增幅加快是这一阶段协调发展度上升的主要原因。但由于生态环境指数在这一阶段呈现显著下降趋势，致使 2005 ~ 2008 年 *D* 值与 2009 ~ 2013 年相比增速较为缓慢，甚至，因 2008 年生态环境指数急剧下降导致其值略低于 2007 年。毫无疑问，快速城镇化在提高人民生活水平的同时，也对环境造成一定污染，这种城镇化水平的增长方式是不可持续的。2009 ~ 2013 年为第三阶段，是三者协调发展度的稳步上升期。2009 ~ 2013 年，协调发展度值处于 0.71 ~ 0.76 之间，位于中级协调水平。自 2009 年成立环鄱阳湖生态经济区后，该区开始转变经济增长方式和调整产业结构，着力发展生态产业，如循环农业、生态工业和生态旅游业，生态环境得到修复和改善，由此造成三个子系统的指数水平呈现协同上升的局面，进而促使整体协调发展度的稳步上升，且平均增长速度较前两个阶段明显加快。

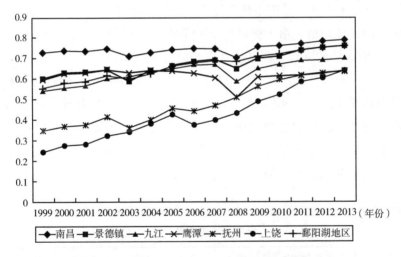

图 5.7 鄱阳湖地区及 6 个城市协调发展度变化

从各个城市的协调发展水平来看，南昌市的协调发展度较为平稳，一直维持在 0.75 左右，处于中度协调状态，领先于其他 5 市；景德镇紧随其后，2009 年以前处于初级协调阶段，2009 年以后上升为中级协调；1999 ~ 2004 年，鹰潭的协调发展度值几乎与景德镇持平，处于基本协调阶段，2005 年以后，即使城镇化水平不断上升，由于生态环境指数及旅游指数大幅度下降，导致其 *D* 值呈显著下降趋势，从走势图可以看到，

2005～2008 年平均处于颉颃状态，2008 年以后有所回升，协调发展度的均值在 0.61 左右，低于 1999～2004 年的平均水平；九江的协调发展度除了 2008 年有所下降外，其他年份均保持平稳上升的态势，上升的幅度比景德镇稍大，协调等级从 1999 的勉强协调（0.54）跨越到 2009 年的初级协调（0.65），2009 年以后协调发展度值逐渐上升，但仍然处于初级协调阶段；抚州和上饶两市的协调发展度和其他 4 市相比增幅较大，抚州的平均生态环境指数在 6 个城市中位居第一，但旅游业和城镇化水较落后，1999～2001 年处于失调状态，2002～2008 年，协调发展度均值在 0.44 左右，处于濒临失调状态，2009 年以后，由于城镇化水平的快速提升，开始进入勉强协调阶段，2011 年跃至初级协调阶段；上饶的城镇化水平在 6 个城市中处于最后一位，2005 年以前，平均处于失调状态，2005 年以后，由于城镇化和旅游业的快速发展，三个子系统的协调度由 2005 年的濒临失调迅速上升 2012 年的初级协调。

从整体上看，2005 年以前，各城市的差异较为明显，除景德镇和鹰潭较为接近外，其他城市有明显的等级层次，2005～2008 年，随着城镇化水平的提高和旅游业的快速发展，各城市的差距较上一阶段明显减小，2009 以后，生态环境得到明显改善，三个系统的协调发展度快速提高，各城市的差距进一步缩小。

表 5.5　　　　环鄱阳湖地区 1999～2013 年旅游—城镇化—生态
环境系统协调发展度

年份	南昌	景德镇	九江	鹰潭	抚州	上饶	鄱阳湖区
1999	0.727	0.601	0.538	0.595	0.349	0.245	0.552
2000	0.736	0.63	0.555	0.623	0.369	0.277	0.583
2001	0.734	0.634	0.569	0.635	0.376	0.283	0.587
2002	0.744	0.646	0.599	0.649	0.414	0.321	0.615
2003	0.708	0.587	0.61	0.626	0.358	0.341	0.594
2004	0.728	0.638	0.636	0.64	0.404	0.382	0.624

续表

年份	南昌	景德镇	九江	鹰潭	抚州	上饶	鄱阳湖区
2005	0.74	0.661	0.647	0.636	0.459	0.421	0.662
2006	0.746	0.685	0.669	0.625	0.443	0.376	0.677
2007	0.744	0.69	0.668	0.602	0.472	0.397	0.688
2008	0.7	0.646	0.588	0.509	0.506	0.43	0.68
2009	0.756	0.698	0.648	0.605	0.56	0.489	0.707
2010	0.758	0.708	0.671	0.608	0.593	0.52	0.722
2011	0.768	0.738	0.686	0.62	0.614	0.583	0.736
2012	0.782	0.751	0.691	0.627	0.622	0.603	0.748
2013	0.786	0.761	0.699	0.637	0.628	0.642	0.757

　　分别计算出 6 个城市及整个鄱阳湖地区 1999～2013 年的旅游、城镇化度、生态环境指数及协调发展度后，取 15 年的平均值，环鄱阳湖地区按照 6 个城市的平均值计算，依据表 5.5 进行等级划分和特征分析，结果如表 5.6 所示，从各城市的平均水平来看，只有南昌三个子系统的综合指数较高且发展水平较为均衡，但也只处于中级协调水平；如前所述，景德镇的城镇化指数虽然紧随南昌之后，但是旅游发展水平远不及九江、南昌，甚至低于上饶，所以平均协调发展度处于初级协调水平；2005 年以前，鹰潭三个子系统的指数水平一直位于前列，2005 年以后，旅游指数和生态环境指数开始迅速下降，导致平均处于初级协调水平；九江的旅游发展 14 年间一直稳居第一，但城镇化水平较为滞后，致使均值处于初级协调水平；抚州的生态环境指数较高，但城镇化水平严重滞后，导致三者的平均协调发展水平处于濒临失调状态；上饶的旅游发展水平 2005 年以前较为缓慢，2005 年以后开始稳步上升，2009 以后增幅加快，甚至超越南昌，仅次于九江，但是其城镇化水平在 6 个城市中是最低的，平均处于濒临失调水平。

表 5.6   鄱阳湖地区 1999～2013 年旅游—城镇化—生态环境系统
平均协调发展度及类型划分

城镇	TDR	URI	EER	D	特征	类型
南昌	0.543	0.633	0.589	0.744	城镇化水平超前，旅游业和生态环境相对滞后	中级协调
景德镇	0.451	0.533	0.544	0.672	生态环境良好，旅游业和城镇化相对滞后	初级协调
鹰潭	0.408	0.468	0.425	0.616	城镇化水平较高，旅游业和生态环境相对滞后	初级协调
九江	0.634	0.465	0.543	0.632	旅游业超前，城镇化和生态环境相对滞后	初级协调
上饶	0.495	0.283	0.575	0.421	生态环境良好，城镇化和旅游业相对滞后	濒临失调
抚州	0.363	0.381	0.673	0.478	生态环境超前，旅游业和城镇化相对滞后	濒临失调
鄱阳湖区	0.483	0.46	0.558	0.662	生态环境良好，旅游业和城镇化相对滞后	初级协调

5.2.1.4   结论与讨论

本部分根据旅游产业、城镇化、生态环境三个子系统交互耦合的作用机理，构建鄱阳湖地区旅游—城镇化—生态环境复合系统的评价指标体系，引入协调发展度模型，测算了 1999～2013 年鄱阳湖地区及所属 6 个城市的综合评价指数、协调度及协调发展度，并对计算结果进行纵向和横向比较，得出以下结论，并给出相应建议：

（1）从三个子系统的综合评价指数来看，生态环境指数高于旅游和城镇化指数的城市有 5 个，旅游业发展超前的只有九江市，其余 3 个均为城镇化水平较高、生态环境和旅游业相对较弱的城市，说明从总体水平来看，鄱阳湖生态环境良好，旅游业和城镇化水平滞后，未来应该充分利用鄱阳湖地区较为优越的资源环境优势，大力推进新型城镇化进程，统筹城乡发展，扩大内需，刺激旅游消费，同时进一步发挥旅游业的产业关联效应，促进二者有效互动，为地区经济发展增添动力和活力。

（2）从协调度的时序来看，1999～2004 年，鄱阳湖地区旅游—城镇化—生态环境的协调度值一直为 0.62～0.80，处于失调状态，2005 年以后，三个子系统的平均综合水平值开始缩小，鄱阳地区开始上升到协调状态且协调度值在之后的年份中逐渐上升。6 个城市中，除鹰潭市外，其他城镇的协调度值波动不大，大体上呈现缓慢上升的趋势，就平均协调度而言，除南昌外，其他 5 个城市均处于不协调状态。

（3）从协调发展度的时序来看，鄱阳湖地区总体的协调发展度呈上升趋势，但平均仍处于初级协调水平。从总体上来看，城镇化水平较低和旅游业发展滞后是制约三者协调发展度较低的主要原因。从鄱阳湖地区 6 个城市平均协调发展水平来看，协调发展度差异较为明显，且特征各异，城镇化水平较高的有南昌、鹰潭两个城市，旅游发展超前的只有九江市。因此，整体上鄱阳湖地区旅游业发展落后于城镇化。未来几年，环鄱阳湖城市群应全面加强区域旅游合作，增强旅游资源优势互补，避免同质化竞争，深入挖掘生态旅游资源的潜力，加大旅游开发力度，提高旅游产业的竞争力。与此同时，应发挥区内目前进行的"昌九一体化"的带动作用，以昌九"双核"辐射周边城市，加快周边城市的城镇化进程和区域旅游合作，以城镇化来完善和支持旅游发展，以旅游业来引领和推动城镇化进程，提升城镇化的质量和水平，使得两者互相完善，协同发展。

（4）15 年间，整个鄱阳湖地区的协调发展水平呈上升趋势，但2005～2008 年，随着城镇化进程的加快，环境污染问题日益凸显，生态环境指数迅速下降，导致这一阶段的协调发展度虽然显著上升，但增速缓慢，甚至到 2008 年呈现出下降的趋势，2009 年生态环境指数提高后，三个子系统的协调发展度开始稳步上升，表明在城镇化和发展旅游业的进程中，也会带来一系列环境污染问题，生态环境问题如果得不到及时改善，会延缓城镇化的进程和阻碍旅游业的发展，从而制约三个子系统的协调发展。2009～2013 年生态环境问题虽然得到改善，但仍然落后于1999～2004 年的平均水平，未来鄱阳湖地区应该继续调整产业结构，淘汰高污染高耗能的企业，大力发展生态产业，提高固体废弃物的利用率和工业三废的综合利用价值，使生态环境尽快得到修复和进一步改善。进而促使三者的协调发展快速上升。

总之，鄱阳湖地区的生态环境优势突出，旅游资源丰富但竞争力不强，城镇化起步较晚，和长江中游的长株潭城市群、武汉城市圈两个城市群相比，环鄱阳湖城市群均有较大的提升空间，未来鄱阳湖地区应在坚持江西省"绿色崛起"这一战略方针的前提下，调整城镇化和旅游发展战略，发挥中心城市的辐射带动作用，加快区域旅游合作和城镇化进程，进而实现鄱阳湖地区旅游产业、城镇化、生态环境的全面协调和快速提升。

5.2.2 生态旅游产业发展与政府创新管理——基于演化博弈分析[①]

生态旅游产业属于朝阳产业、无烟产业，它的发展对于城镇化质量提升意义重大。随着旅游经济与城镇化的纵深发展，各利益相关者的诉求更加多元复杂，矛盾也必将进一步深化。如何建立各利益相关者的均衡机制，实现生态旅游及相关利益者的和谐统一，促进城镇化质量提升，政府管理创新显得尤为必要。本书从演化博弈这一新的视角，分析生态旅游的两个主要利益相关者——政府、旅游企业之间的关系，构建政府—旅游企业动态演化博弈模型，以期分析城镇化质量提升背景下的生态旅游产业发展的政府创新管理。

5.2.2.1 模型假设

（1）政府对旅游企业的策略选择有两个：监督和不监督。旅游企业实施生态旅游的概率为 x，政府监督的概率为 y。在有限理性和不完全信

---

① 本节主要内容已发表：黄晓杏，胡振鹏，傅春，余达锦. 生态旅游主要利益相关者演化博弈分析 [J]. 生态经济，2015（1）：142-146，171.

息条件下，选择监督有补贴，不监督没有补贴。旅游企业应对政府有两个策略选择：实施生态旅游和不实施生态旅游（传统旅游）。

（2）D_1、D_2 分别是旅游企业实施和不实施生态旅游的直接经济效益，A 为政府对旅游企业的补贴，L 为旅游企业实施生态旅游时政府获得的长期效益即经济社会环境效益（随时间递增），S 为旅游企业不实施生态旅游时政府得到的短期效益（主要是经济效益，随时间递减），K 为政府监督成本，F_1 为旅游企业不实施生态旅游，政府监督时的罚款。

（3）为充分说明问题，引入社会舆论监督机制，政府监督条件下，旅游企业实施生态旅游得到宣传会获得良好声誉，由此带来的附加经济效益记为 R_0，政府不实施监督的情况下，声誉效益损失为 P_1。[161,162]

5.2.2.2　模型构建

根据以上模型的假设，得到政府与旅游企业的博弈矩阵，如表 5.7 所示。博弈树如图 5.8 所示。

表 5.7　　　　　　　　政府与旅游企业的博弈矩阵

		旅游企业	
		实施（x）	不实施（$1-x$）
政府	监督（补贴）y	$L-A-K, D_1+A+R_0$	$S+F_1-A-K, D_2+A-F_1-R_0$
	不监督（不补贴）$1-y$	$L-P_1, D_1$	$S-P_1, D_2$

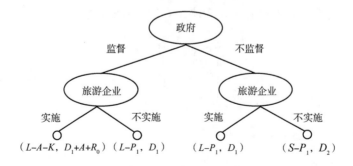

图 5.8　政府—旅游企业模型博弈树

5.2.2.3 演化博弈模型的复制动态方程及局部平衡点

旅游企业实施与不实施生态旅游的期望收益 U_{x1}、U_{x2} 及旅游企业的平均期望收益 $\overline{U_x}$ 分别为：

$$U_{x1} = y(D_1 + A + R_0) + (1-y)D_1$$
$$U_{x2} = y(D_2 + A - F_1 - R_0) + (1-y)D_2 \qquad (5.3)$$
$$\overline{U_x} = xU_{x1} + (1-x)U_{x2}$$

政府实行监督与不监督的期望收益 U_{y1}、U_{y2} 及政府的平均期望收益 $\overline{U_y}$ 分别为：

$$U_{y1} = x(L - A - K) + (1-x)(S + F_1 - A - K)$$
$$U_{y2} = x(L - P_1) + (1-x)(S - P_1) \qquad (5.4)$$
$$\overline{U_y} = yU_{y1} + (1-y)U_{y2}$$

由式（5.3）和式（5.4）组成方程组，可分别得出旅游企业采用实施生态旅游策略、政府采用监督时的复制动态方程为：

$$F(x) = \frac{dx}{dt} = x(U_{x1} - \overline{U_x}) = x(1-x)[y(2R_0 + F_1) + D_1 - D_2] \qquad (5.5)$$

$$F(y) = \frac{dy}{dt} = y(U_{y1} - \overline{U_y}) = y(1-y)(-F_1 x + F_1 + P_1 - A - K) \qquad (5.6)$$

欲使博弈主体有进化稳定策略，必须同时满足：

$$\begin{cases} F(x) = \dfrac{dx}{dt} = 0 \\ F(y) = \dfrac{dy}{dt} = 0 \end{cases} \qquad (5.7)$$

求解微分方程式（5.7）得到：

$$
\begin{cases}
x = 0, x = 1, y^* = \dfrac{D_2 - D_1}{2R_0 + F_1} \\[3mm]
y = 0, y = 1, x^* = \dfrac{F_1 + P_1 - A - K}{F_1}
\end{cases}
\tag{5.8}
$$

因此，旅游企业与政府部门组成的演化博弈矩阵的局部平衡点有 5个：即

$$
O(0,0) \, 、A(0,1) \, 、B(1,0) \, 、C(1,1) \, 、D\left(x^* = \frac{F_1 + P_1 - A - K}{F_1}, y^* = \frac{D_2 - D_1}{2R_0 + F_1} \right)
$$

5.2.2.4 均衡点分析及稳定性讨论

根据 Friedman 提出的方法，微分方程系统描述的是群体动态，其均衡点的稳定性可由该系统的雅可比（Jacobi）矩阵的局部稳定性分析得到，[163]由式（5.5）和式（5.6），可得该系统的 Jacobi 矩阵（matrix）对应的行列式（determinant j）及其迹（trace）分别为：

$$
\begin{aligned}
Det(J) &= \begin{vmatrix} \dfrac{\partial F(x)}{\partial x} & \dfrac{\partial F(x)}{\partial y} \\[3mm] \dfrac{\partial F(y)}{\partial x} & \dfrac{\partial F(y)}{\partial y} \end{vmatrix} = \frac{\partial F(x)}{\partial x} \times \frac{\partial F(y)}{\partial y} - \frac{\partial F(x)}{\partial y} \times \frac{\partial F(y)}{\partial x} \\[2mm]
&= (1 - 2x)\left[y(2R_0 + F_1) + D_1 - D_2 \right](1 - 2y)(-F_1 x + F_1 + P_1 - A - K) \\
&\quad - x(1 - x)(2R_0 + F_1)y(1 - y)(-F_1) \tag{5.9}
\end{aligned}
$$

$$
\begin{aligned}
Tr(J) &= \frac{\partial F(x)}{\partial x} + \frac{\partial F(y)}{\partial y} = (1 - 2x)\left[y(2R_0 + F_1) + D_1 - D_2 \right] \\
&\quad + (1 - 2y)(-F_1 x + F_1 + P_1 - A - K) \tag{5.10}
\end{aligned}
$$

上述 5 个均衡点对应的 $Det(J)$ 和 $Tr(J)$ 的结果如表 5.8 所示，然后根据系统稳定性的判定条件，对 5 个局部平衡点进行稳定性讨论。为不失一般性，这里假定博弈矩阵中涉及的参数均大于 0。

旅游企业在发展生态旅游时，因为要对环境资源进行保护性的开发利用，会使旅游企业失去发展传统旅游的部分经济效益，短期内直接经

济效益必然小于传统旅游的经济效益即 $D_1 < D_2$。如果 $P_1 - A - K > 0$，恒有 $F_1 + P_1 - A - K > 0$。

表5.8　　　政府—旅游企业系统雅可比矩阵 *Det*（*J*）、*Tr*（*J*）结果

均衡点	$Det(J)$	$Tr(J)$
$O(0,0)$	$(D_1 - D_2)(F_1 + P_1 - A - K)$	$D_1 - D_2 + F_1 + P_1 - A - K$
$A(0,1)$	$(2R_0 + F_1 + D_1 - D_2)(A + K - P_1)$	$2R_0 + F_1 + D_1 - D_2 + A + K - P_1$
$B(1,0)$	$(D_2 - D_1)(P_1 - A - K)$	$D_2 - D_1 + P_1 - A - K$
$C(1,1)$	$(2R_0 + F_1 + D_1 - D_2)(P_1 - A - K)$	$A + K - P_1 + D_2 - D_1 - F_1 - 2R_0$
$D(x^*, y^*)$	$\dfrac{(A + K - F_1 - P_1)(2R_0 + F_1 + D_1 - D_2)(A + K - P_1)(D_2 - D_1)}{F_1(2R_0 + F_1)}$	0

同理，当 $F_1 + P_1 - A - K < 0$，恒有 $P_1 - A - K < 0$。如果 $P_1 - A - K < 0$，则 $F + P_1 - A - K$ 的符号不确定。故当 $P_1 - A - K > 0$ 时，只需讨论 $2R_0 + F_1 + D_1 - D_2$ 是否大于0。在此条件下，共需讨论4种情况，结果如表5.9所示。

表5.9　　　　政府—旅游企业系统的局部稳定分析结果

条　件	均衡点	$Det(J)$（符号）	$Tr(J)$（符号）	结果
$F_1 + P_1 - A - K < 0$ $2R_0 + F_1 + D_1 - D_2 > 0$	$O(0,0)$	+	−	稳定
	$A(0,1)$	+	+	不稳定
	$B(1,0)$	−	+／−	不稳定
	$C(1,1)$	−	+／−	不稳定
	$D(x*, y*)$	+	0	鞍点
$F_1 + P_1 - A - K < 0$ $2R_0 + F_1 + D_1 - D_2 < 0$	$O(0,0)$	+	−	稳定
	$A(0,1)$	−	+／−	不稳定
	$B(1,0)$	−	+／−	不稳定
	$C(1,1)$	+	+	不稳定
	$D(x*, y*)$	−	0	鞍点

续表

条　　件	均衡点	$Det(J)$（符号）	$Tr(J)$（符号）	结果
$2R_0 + F_1 + D_1 - D_2 < 0$ $P_1 - A - K > 0$	$O(0,0)$	−	$+/-$	不稳定
	$A(0,1)$	+	−	稳定（ESS）
	$B(1,0)$	+	+	不稳定
	$C(1,1)$	+	$+/-$	不稳定
	$D(x*,y*)$	−	0	鞍点
$2R_0 + F_1 + D_1 - D_2 > 0$ $P_1 - A - K > 0$	$O(0,0)$	+	$+/-$	不稳定
	$A(0,1)$	−	$+/-$	不稳定
	$B(1,0)$	+	+	不稳定
	$C(1,1)$	+	−	稳定（ESS）
	$D(x*,y*)$	+	0	鞍点

（1）当 $F_1 + P_1 - A - K < 0$，$2R_0 + F_1 + D_1 - D_2 > 0$ 或 $2R_0 + F_1 + D_1 - D_2 < 0$，当政府对旅游企业虽进行监督补贴（$K$），但是旅游企业不实施生态旅游时处罚力度（$F_1$）小，或不增强社会舆论的监督力量，使得政府损失的声誉效益（P_1）较小，使得二者之和小于补贴与监督成本之和，系统将收敛于（不实施，不补贴）。当 $F_1 + P_1 - A - K < 0$ 时，无论 $2R_0 + F_1 + D_1 - D_2$ 是否大于 0，系统都只有（0,0）一种进化稳定策略。这种情况下，旅游企业会以牺牲环境为代价，换取目前的经济利益（D_2），对旅游景区的可持续发展是很不利的。

（2）当 $2R_0 + F_1 + D_1 - D_2 < 0$，且 $P_1 - A - K > 0$，罚款力度（F_1）小，旅游企业实施生态旅游时，因为政府的宣传力度不够，造成收获的声誉效益（R_0）不高；政府在社会舆论的严格监督下，使得不监督造成的声誉损失增大（P_1），因此双方的策略选择倾向于（不实施，补贴）。但是这种情况与现实情况是不符的，政府虽不是盈利机构，但也要保证自身的有效运转，当补贴超过一定额度时，会使政府无法有效运转，最终使系统由（不实施，补贴）向（不实施，不补贴）演化。因此，要使系统向（实施，补贴）演化，必须加大对非生态旅游企业的罚款力度（F_1）。

（3）当 $2R_0 + F_1 + D_1 - D_2 > 0$，且 $P_1 - A - K > 0$ 时，政府在社会舆

论的严格监督下，对旅游企业不进行监督，由此造成较大的声誉效益损失(P_1)。为此，政府除对实施生态旅游的企业进行补贴外，还要增加对非生态旅游企业的罚款力度(F_1)，同时增加宣传力度，使实施生态旅游的企业获得较多的声誉效益(R_0)。在此条件下，系统最终向（实施，补贴）演化。系统演化相位图如图5.9所示。

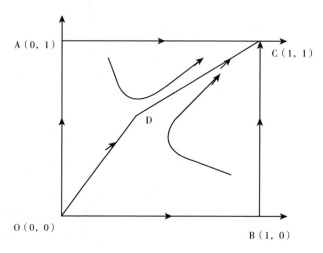

图5.9　复制动态相位图

5.2.2.5　结论

（1）政府部门对旅游企业不监督或监督力度不够，非生态旅游的企业有机可乘，会严重挫伤生态旅游企业的积极性，使系统向（不实施，不补贴）演化，因此必须引入社会舆论机制监督政府，使政府在不监督旅游企业的情况下损失声誉效益，以此激发当地政府加大对旅游企业的监督力度。

（2）旅游企业是否实施生态旅游主要受声誉效益、处罚力度、政府补贴三个参数的影响。因此，政府对实施生态旅游的企业应该加大宣传力度，使其获得较多的声誉效益，加大对非生态旅游企业的处罚力度，生态旅游企业为保护环境放弃了一部分经济效益，因此应给予实施生态旅游的企业适度补贴，促使系统向（实施，补贴）演化。正确估算生态旅游企业损失的经济效益（$D_2 - D_1$）和获得的声誉效益（R_0）、政府声誉效益损失（P_1）和政府监督成本（K），为确定合理的罚款和补贴标准提供依据。

总之，引入社会舆论机制监督政府，政府通过补贴倡导旅游企业实施生态旅游，可让更多旅游企业参与到生态旅游产业中来，可最终实现博弈双方利益共赢及旅游业的可持续发展，促进城镇化质量的提升。

5.2.3　低碳城市建设中新能源发展与政府创新管理[①]

城镇化质量的提升离不开低碳城市建设。相对于当前欠发达地区城镇发展的实际，低碳城市建设是其发展的最优模式之一。加快低碳城市建设，提高城镇化质量，不仅是顺应当今世界低碳经济发展潮流、积极应对全球气候变化的正确战略选择，也是深入贯彻落实科学发展观，加快生态文明建设，应对复杂多变国际环境，实现经济社会可持续发展，提升国际竞争力的重大战略举措。

从现有文献来看，当前低碳城市研究是一个热点。低碳城市发展模式与路径方面。辛章平等（2008）指出，低碳城市的构建途径应当从新能源技术应用、清洁技术应用、绿色规划、绿色建筑和低碳消费四个方面入手。[164]戴亦欣（2009）对中国低碳城市的必要性和治理模式进行了分析。[165]刘文玲和王灿（2010）分析了低碳城市发展实践与发展模式，指出低碳城市的建设需本着发展优先的原则，探索一条工业化进程中的低碳转型路径。[166]杨国锐（2010）指出要从调整能源结构、生产低碳化和消费低碳化，以及扩大碳汇等几方面构建一条从碳源到碳汇的低碳城市发展路径。[167]侯景新和郭志远、郑瑞（2011）分析了我国低碳城市建

---

① 本节主要内容已发表：余达锦. 低碳城市建设中新能源发展与政府行为研究 [J]. 生态经济，2015（5）：73－77.

设存在的主要问题并提出建设低碳城市的对策建议。[168,169]低碳城市比较研究方面。刘志林等（2009）研究了低碳城市理念与国际经验。[170]李超骕等（2011）对中外低碳城市建设案例从发展模式、实践要点、空间发展策略及相关保障措施等多个维度进行了比较研究。[171]低碳城市发展因素方面，吴琦和范隆云（2012）研究认为，城市化是推动低碳城市建设的重要因素。[172]路超君等（2012）研究认为，政府是低碳城市建设的主要推动者和政策供给者。[173]李凡和马万里（2013）基于财政分权视角分析了政治激励与财政激励对低碳城市建设的巨大影响。[174]章立东（2013）从中央政府统筹规划、地方政府坚持低碳化发展、产业低碳化生产、市民低碳化消费等方面提出了低碳城市建设的对策与建议。[175]

低碳城市建设是一个系统工程，离不开能源结构的调整和优化，离不开政府的支持。但从上述分析不难发现，现有研究大多从最初的低碳城市发展模式与路径方面、比较研究方面向低碳城市发展因素、动力机制等分析方面转变，但低碳城市建设中的新能源支撑体系与政府行为的研究比较乏见。本部分基于系统动力学视角对低碳城市建设中的新能源支撑体系进行分析，并从能源的需求者—城市和能源的主导者—政府对新能源发展进行研究，提出低碳城市建设中政府能源行为创新相关策略。

5.2.3.1 新能源发展与低碳城市建设

新能源又称非常规能源，是指在新技术基础上，系统地开发利用的可再生能源，如太阳能、地热能、风能、海洋能、生物能和核能等。相对于面临诸多挑战的传统能源，新能源普遍具有污染少、储量大和低碳排放的特点，其发展对于解决当今世界严重的环境污染问题和资源（特别是化石能源）枯竭问题具有重要意义。

低碳城市（low-carbon city）指以低碳经济为发展模式及方向、市民以低碳生活为理念和行为特征、政府公务管理层以低碳社会为建设标本和蓝图的城市。[176]其本质就是在城市实行低碳经济，包括低碳生产和低碳消费，建立资源节约型、环境友好型社会，建设一个良性的可持续的能源生态体系。

低碳城市建设要求城市在经济发展较为高速的前提下，保持能源消耗和二氧化碳排放处于较低的水平，其能源发展方向是低碳、清洁、高效、多元、可持续的，彻底转变现有的"高消耗、高排放、高污染"的经济体系，走"低消耗、低排放、低污染"的绿色发展之路。[177]这就要求彻底改变以化石能源为主的全球能源利用的结构，而低碳技术则是实现低碳化发展的关键手段，将导致能源利用方式的根本改变。因此，开发并利用新能源是建设低碳城市的基本保证。要真正实现低碳城市建设，就必须进行科技的创新，积极实施低碳技术，大力发展新能源，构建新能源经济体系，优化能源结构。

5.2.3.2　低碳城市建设中的新能源支撑体系的发展——基于系统动力学视角

低碳城市建设中的新能源支撑体系的发展模式的选择至关重要。这其中影响因素很多，本书研究认为，在目前和将来一个较长的时期内，新能源支撑体系的发展必须围绕如下几个方面展开：

一是环境金融。环境金融是新能源发展的内在直接动力，包括"碳交易"市场机制的设立、机构投资者和风险投资、商业银行的环境金融创新、碳减排期货及期权市场等。碳交易就是为促进全球温室气体减排，减少全球二氧化碳排放所采用的市场机制。其主要形式包括清洁发展机制（CDM）、联合履行（JI）和国际排放交易（ETS）三种。其中CDM 是发达国家和发展中国家进行碳交易的最主要形式。商业银行环境金融创新的一个常见途径是为碳交易提供中介服务。在市场经济条件下，通过市场机制解决新能源发展问题符合经济学内在的规律，能有效激发节能减排者自愿采取行动，推动能源技术和低碳技术的不断进步。因此，借鉴国际上的碳交易机制，探索发展排放配额制和排放配额交易市场，以此带动新能源发展意义重大。

二是能源规划。能源规划是新能源支撑体系发展的导向。低碳城市的能源规划目标是要实现"3D"，即使用低碳能源（decarburization）、分散产能（decentralization）和减少需求（demand reduction）。要实现低碳能源和分散产能这两个目标，需要分别通过城市层面的能源规划和立法来实现。城市层面的能源供应要实现低碳化，需要通过国家的宏观规划和统筹，在城市能源供应结构上降低煤炭比例，加大新能源使用的比例。

三是低碳技术。高效的新能源的开发和利用技术是新能源支撑体系发展的保证。如太阳能的利用就离不开太阳能光伏电池，太阳能光伏电池又需要多晶硅的生产与提纯。这就需要光伏技术和多晶硅生产等技术。风能、地热能、核能等的利用也需要利用各种高新技术和低碳技术。可以说，没有科学创新和技术突破，就不可能真正做到低碳发展。

四是低碳意识。低碳生产生活方式是新能源支撑体系发展的基础。低碳意识是检验公民素质高低的重要尺度，环境保护是新时期公民意识教育尤其是生态文明观教育的重要内容。低碳城市建设要求我们必须大力培育低碳意识，使人们对环境的保护转化为自觉的行动，在生产和生活中使用新能源，做到低碳排放。

上述四个方面不是相互孤立、独自发挥作用的，相反，它们之间是相互依存、紧密联系的。只有当几种机制相互配合、共同发挥作用时，对新能源发展的巨大推动才能清楚地显示出来。此外，各方面不是自生、自发的，需要一个不断培育和优化的过程。在这一过程中，政府、企业和个人都责无旁贷。

根据以上分析，利用系统动力学的基模分析理论，[178]可以从系统科学的角度构建低碳城市建设中的新能源支撑体系发展的关系基模，如图5.10 所示。共有 12 条正反馈环。显然这是富者愈富型基模，即新能源发展会促进低碳城市建设，低碳城市建设又会反过来促进新能源发展，两者是相辅相成的。

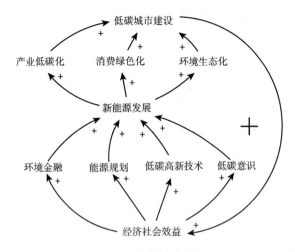

图 5.10　低碳城市建设中的新能源支撑体系发展的关系基模

5.2.3.3　低碳城市建设中新能源发展四方协调博弈模型

凯恩斯传统经济理论中的一些宏观经济学家认为，现实世界中的市场中的博弈都属于非试算问题，也就是说不能通过反复试验来决定货物或服务和价格，市场存在协调失败的问题。因此用供需理论来研究会忽略市场体系中的一些重要问题。能源也是一个市场。低碳城市建设中新能源发展中的能源怎么生产？消费者如何选择？因为协调问题的存在，所以这其实是能源生产者和消费者之间的协调博弈问题。具体如表 5.10 所示。

表 5.10　　　　低碳城市建设中新能源发展四方协调博弈模型

		能源消费者	
		绿色	白色
能源生产者	绿色	(10, 10)	(10, 8)
	白色	(0, 6)	(0, 0)

不难发现，在这个协调博弈中有六个假设：

（1）能源生产者可以选择"现行能源"或"新能源"两种生产方式。现行能源生产方式投入小、科技含量低，但污染大、能耗高，为了方便我们称为白色能源生产。发展新能源污染小，前景好，但投入大，不确定因素多，我们称之为绿色能源生产。

（2）能源消费者可以选择白色能源消费或绿色能源消费两种方式。

（3）如果能源生产者选择绿色能源生产，而消费者选择绿色能源消费，这对新能源发展来说是最有利的。以10分制来评价，可以得满分。

（4）如果能源生产者选择绿色能源生产，而消费者选择白色能源消费，这样就会产生一个正的势差位。由于能源消费是必需的，消费者在没有或缺乏白色能源下选择进行绿色能源消费，消费者将会慢慢形成绿色能源消费观念。这总体上对新能源发展是有利的。绿色能源生产得10分，白色能源消费者被迫选择绿色能源得8分。

（5）如果能源生产者选择白色能源生产，而消费者选择绿色能源消费，这样就会产生一个负的势差位。消费者在没有或缺乏绿色能源下不情愿进行并减少白色能源消费，这对双方来说都会造成一定的损失。对新能源发展也是不利的。白色能源生产得0分，绿色能源消费者被迫选择白色能源得6分。

（6）如果能源生产者选择白色能源生产，而消费者选择白色能源消费，这对新能源发展是最为不利的。各得0分。

显然这是一个四方协调博弈。这个博弈中存在两个纳什均衡，对应于假设三和假设六，但假设三的收益明显高于其他选择，故能源生产者选择绿色能源生产，同时能源消费者选择绿色能源消费对新能源发展是最为有利的，成为此博弈的谢林点（schelling point）。

5.2.3.4 政府能源行为与低碳城市建设

政府能源行为是政府职能在能源方面的具体运作，是国家政府权力机关在管理社会各种事务，充分履行其职能时进行的有关能源的活动，包括抽象能源行政行为和具体能源行政行为。政府能源行为同其他政府行为一样，其首要特征是其公共性。政府从其产生时起就是以组织、安排、协调、管理社会生活与公共事务为宗旨的。政府能源行为的第二个特征是公益性。公益性包括非营利性和具有社会效益性。非营利性是政府作为公共权力机构的行为有别于经济组织的行为的基本特点，是政府作为公共事务的管理机构有别于社会中的普遍组织的一个显著特征。[179] 政府能源行为是以谋求社会效益最大化为目的，其相关项目具有一般规模大、投资多、受益面宽、服务年限长等特点，对低碳城市建设影响深远。

低碳城市建设中新能源发展离不开政府的支持。城市建设是一项涉及多个行业的系统工程，应充分发挥政府的主导作用。[48,180] 政府是能源发展的主导者，它决定着城镇化建设中新能源发展的进程。作为区域经济建设的管理者和消费者，各级政府在不同身份角色下实施的能源政策制定行为、具体能源决策行为、能源监管行为及能源消费行为的失范，都可能对新能源发展造成负面影响，阻碍能源体系的转型，延缓低碳城市建设和新型城镇化建设的步伐。

首先，政府是新能源发展的规划和相关法律法规的制定者。现阶段，随着国力的增强，新能源发展正逐步壮大，在国家相关政策引导扶持下，新能源领域已成为投资热点，新能源技术利用水平正逐步提高，具有较大的发展空间。

其次，政府是新能源发展的推动者。我国新能源利用最初可以追溯到 20 世纪 50 年代末的沼气利用，但新能源产业化发展却刚刚开始。相对于发达国家，我国新能源产业化发展可以说是"醒得早、起得晚、走得慢"，技术相对落后，总体产业化程度不高。这与我国经济发展水平和政府支持密切相关。同时，政府也是新能源的巨大消费者。政府对能源的消费是整个社会能源消费的重要组成部分。研究表明，政府能源消费行为具有导向作用，公众往往会对政府能源消费行为趋同。

总之，对政府能源失范行为的表现及原因进行分析，对规范政府能源行为的制度进行创新，是"建设生态文明，基本形成节约能源资源和保护生态环境的产业结构、增长方式、消费模式"的必然要求，是区域经济区建设条件保障实施的必然要求。

5.2.3.5 低碳城市建设中政府能源行为内容研究

在不同的历史时期、不同的社会背景和不同资源禀赋条件下，政府的职能被赋予了不同的内涵。随着经济的快速发展及工业化、后工业化社会的出现，政府在经济社会发展中的作用从无到有，从弱到强，越来越被重视。美国经济学家萨缪尔森指出："在一个现代的混合经济中，政府执行的经济职能主要有四种：确立法律体制；决定宏观经济稳定政策；影响资源配置以提高经济效率；建立影响分配收入的方案。"[181]低碳城市建设，其目标是达到以低碳经济为发展模式及方向、市民以低碳生活为理念和行为特征、政府公务管理层以低碳社会为建设标本和蓝图。政府经济职能仅仅对应低碳城市建设中的低碳经济建设，故低碳城市建设中政府能源行为远远超越了萨缪尔森的经济范畴。主要表现在：

第一，制度环境供给。制度环境是一系列用来建立生产、交换与分配基础的基本的政治、社会和法律基础规则，如法律和产权规则、规范和社会传统等。它具有相对稳定性。新能源发展离不开制度保障，因为其涉及能源的基础设施建设及国防安全、社会安定的保持，这些单纯依靠市场无法解决，公共物品的生产和供给的主要责任必须由政府承担。政府通过提供公共政策、制定法律规则等手段，建立与低碳城市建设相配套的新能源发展制度，可以协调低碳城市建设中社会各个子系统间的用能关系，为低碳城市建设创造有利的用能环境，保证经济健康发展，环境持续进步。[182]新能源存在技术上和成本上的"瓶颈"，其发展还需要政府财政上的支持，包括财政补贴和补税的方式，这也需要制度的出台。

第二，经济环境供给。经济环境包括经济要素的性质、水平、结构、变动趋势等多方面的内容，涉及国家、社会、市场及自然等多个领域。低碳城市建设中需要良好的经济运行环境作为基础。发展新能源更离不开稳定的宏观经济环境。政府通过有效的宏观经济政策，调控国家宏观经济水平、结构，实施国家经济发展战略的指导方针，抑制重要经济变量的过分波动，努力避免通货膨胀和大量失业的出现，这对于新能源发展创造了一个极为有利的外部环境。另外，新能源发展需要技术引进和交流，而政府在这方面也扮演着重要角色。

第三，教育环境供给。清洁生产是建设低碳城市的关键环节，循环利用是建设低碳城市的有效途径。这就要求低碳城市建设中公民具备较高的生态意识。开发低碳新能源是建设低碳城市的基本保证，这就说明新能源发展离不开高素质的人才。教育是关系国家未来的最重要的人力资本投资，政府必须在国民教育中起到主导作用，加大对生态文明教育的投入，培养和传播环境保护的价值观念，让公众充分认识到新能源发展和低碳城市建设带来的巨大益处。

第四，生态环境供给。生态环境是指影响人类生存与发展的水资源、土地资源、生物资源，以及气候资源数量与质量的总称，是关系到社会和经济持续发展的复合生态系统。可持续发展是建设低碳城市的根本方向。低碳城市建设中新能源发展要求一个优良的生态环境，而环境污染问题存在外部性，市场本身是无法解决的。因此，政府应当承担起保护环境的职责，要合理开发、利用土地和其他自然资源，提高资源利用效率，保护生态环境和生态平衡，实现经济社会的可持续发展。

5.2.3.6　结论与政策建议

城镇化是经济社会发展的必然趋势，也是工业化、现代化的重要标志。生态城镇化是低碳城市建设的终极目标，其发展离不开新能源的发展与政府行为创新。我国正处在城镇化发展的关键时期，大力发展新能源，建设低碳城市，提高城镇化质量，对于优化能源结构、促进国民经济良性循环和社会协调发展，都具有重大意义。因此，低碳城市建设中政府能源行为创新显得尤为重要，可从以下方面入手：

（1）建立并健全相关新能源法律法规。低碳城市建设中新能源发展四方协调博弈模型表明，作为能源发展的主导者，政府行为能更好地促使协调博弈收益最大。要充分发挥政府的主导作用，创新新能源发展的外部环境，要充分发挥环境和能源立法在经济和社会生活中的约束作用。通过相关立法，把新能源发展纳入法制范畴，使能源的合理利用得到法律上具体而切实的保障，从而保证新能源的健康发展，为低碳城市建设中新能源发展提供制度保障。要加大新能源的教育力度，提高广大公民的生态意识，适时出台相关政策或补偿措施，调动各地、各行业发展新能源、使用新能源的积极性。包括引导新能源项目开发的扶持性政策、为新能源发展提供智力支持的科技投入政策等。此外，要完善财政制度，创新外部环境。低碳城市建设中新能源发展需要国家财政顺应政府职能转变，要发挥国家发展规划、计划、产业政策在能源发展中的导向作用，综合运用财政、货币政策，提高能源调控水平。要深化预算制度改革，强化预算管理和监督，完善财政体制，实行有利于科学发展的财税制度，建立健全新能源发展补偿机制。

（2）推行绿色 GDP，创新政绩考核机制。现行的干部考核与升迁机制，使得地方经济增长成为一项硬指标。新能源需要较大的投入和较高的科技来支撑，因此一些地方政府和领导为片面追求 GDP 的增长，大搞政绩工程，盲目上项目铺摊子，争夺资源、粗放发展，而不管经济发展的方式和代价，对社会发展和民生问题重视不够。绿色 GDP 的实施可以让地方政府和领导官员重新审视发展方式和发展潜力，大力发展新能源，走可持续发展之路，为低碳城市建设保驾护航。绿色 GDP 核算包括绿色 GDP 总值、绿色 GDP 净值、资源成本和环境成本等[183]。推行绿色 GDP 才能避免区域环境成本转嫁。长期以来，我国形成的无偿或廉价的环境使用制度，导致发展过程中造成的环境污染成本被"外部化"，环境的真实成本被淹没。这种外部性难以通过市场机制进行矫正，必须借助于绿色 GDP 这样强有力的约束机制来加以干预和纠正。而绿色 GDP 将经济增长与社会发展、环境保护放在一起综合考评，不仅有利于资源实现优化配置，也有利于区域能源综合发展统筹规划。推行绿色 GDP 考核，需要实施差别化考核标准。[184]对于低碳城市建设中重点开发区域，以经济发展、人口集聚、产业升级、资源节约、环境保护为考核重点，大力发展循环经济低碳经济，实施工业化和城镇化优先的考核评价方法；而在低碳城市建设中的限制开发区域，则将实行农业发展、生态优先的考核方法，推广使用新能源，强化生态保护的成效。

（3）倡导绿色能源消费，创新政府能源消费观念。政府作为社会主体之一，不仅履行着社会公共事务管理者的职能，同时还充当着社会资源消费者的重要角色。政府本身就是能源的一大消费者，而且政府往往是生产和消费的风向标。政府消费行为失范最突出的表现，莫过于财政资金使用效益的低下体现出来的政府采购的低成效。政府采购行为的不绿色不环保，本身就会造成对环境资源的极大破坏或浪费。因此，在低碳城市建设中，政府要加速能源消费模式的绿色生态转型，要调整能源消费观念和消费模式，提高新能源产品在政府采购中的比例，建设资源节约型和环境友好型社会。一旦政府实施绿色能源消费工程，就会鼓励企业开发和生产新能源产品，刺激公民对绿色能源产品的消费，从而极大地促进新能源的发展。

5.2.4 区域产城融合发展与创新管理——以赣江新区为例①②

2016年6月，国务院对赣江新区批复，这充分肯定了江西省委省政

---

① 本节主要内容已发表（余达锦：《开创赣江新区智造新局面的思考与建议》，江西省社会科学联合会《内部论坛》2016年第21期），获江西省政协副主席李华栋肯定性批示并转相关部门参阅。此外，相关成果还作为江西省社联重点研究基地智库成果选送发表在《江西日报》（《"智造"助赣江新区产城融合》2017年1月17日B2版头条）上，并作为相关材料送当时正在参会的江西两会全体代表查阅。

② 2016年6月14日，国务院发布批复同意设立江西赣江新区，新晋为第18个国家级新区。江西赣江新区范围含南昌市的青山湖区、新建区和九江市的共青城市、永修县的部分区域，规划面积465平方公里。

府从 2013 年 7 月省委十三届七次全会以来一直推进的"昌九一体化"和"昌九新区"的发展战略,同时为推动长江经济带发展,促进江西经济社会发展和中部地区崛起注入了新的生机与活力,更为欠发达地区产城融合发展和城镇化质量提升提供了实践平台。

赣江新区这一国家级平台的获得,为中部地区第二个,实属不易。但这仅仅是江西省融入"长江经济带"和"一带一路"发展战略的又一个新的起点。要做到以科技创新、转型升级为引领,大力推进绿色发展和生态文明建设,构建现代产业体系,把赣江新区打造成为中部地区崛起和推动长江经济带发展的重要支点,还有很长的路要走。研究发现,我国对国家级新区的定位就是经济转型,也就是产城融合。产业发展是城镇建设的驱动力,城镇建设又为产业发展提供了平台。创新是融合的前提,产业与城镇的有机融合必然是科技创新和管理创新的结果。产业"智造"和城镇"智造"有机结合的产城融合模式是欠发达地区城镇化质量提升的有效途径。调研并分析赣江新区社会经济发展现状,不难发现,赣江新区的发展不在于快,关键是怎么样持续、健康地发展。因此,如何从产业"智造"和城镇"智造"出发,大力推进科技创新和管理创新,进行产城融合,开创赣江新区建设新局面,应当成为当前工作的重中之重。

5.2.4.1 赣江新区"智造"发展现状

"智造"是针对"制造"提出来的。我国已经成为"制造"大国,但不是"智造"大国。长期以来,我国制造业依靠低劳动力成本、低土地成本、低廉的自然资源和低端技术,取得了全球中低端产品市场的很大一部分份额。但随着我国经济持续较快增长,我国制造业赖以生存的"低成本优势"正在消失。要改变"中国制造多,中国创造少"的格局,"智造"不可或缺。本书研究的"智造"是指更为广泛意义上的蕴含更多智慧、智力和智能的生产或建设。这里主要研究分析产业"智造"与城镇"智造"。

根据江西省发布的赣江新区空间布局图，赣江新区分"三带四组团"。"三带"分别为昌九产业走廊、昌九新型城镇带和滨湖生态廊道，"四团"为昌北、临空、永修和共青城。

（1）赣江新区产业"智造"发展现状。产业"智造"是指高科技、新技术在各种产业生产过程中的运用并生产出高附加值的产品。它不仅限于工业产品，像现代农业生产出来的农产品、现代服务业提供的各种金融服务、物流服务产品等都是产业"智造"的结果。调研发现，赣江新区产业"智造"水平还处在一个较低的发展阶段。主要表现在：

一是三次产业的比重不合理。重视工业，轻农业和第三产业。调研发现，赣江新区工业基础相对较好，但现代农业和现代服务业很是缺乏。赣江新区目标是打造昌九产业走廊、昌九新型城镇带和滨湖生态廊道，没有现代农业和现代服务业的支撑，光靠工业发展是不行的。

二是产业同构性明显。各地产业园区建设较为趋同，很多脱离了最初的定位。以 2011～2015 年的工业数据初步测算，发现南昌、九江、新建、永修和共青城工业结构相似系数均在 0.776～0.890 之间。产业同构造成无序竞争，产业增幅放缓。昌北组团占赣江新区的经济体量约为 80% 左右，其产业构成几乎在其他三个组团中都可以找到。

三是产业智能化程度低。当前，国内很多企业都在炒作智能制造，绝大多数企业还处在部分使用应用软件的阶段，少数企业也只是实现了信息集成，也就是可以达到数字化工厂的水平。极少数企业能够实现人机的有效交互，也就是达到智慧工厂的水平。真正做到人机一体化，实现智能制造的还鲜见。在赣江新区昌北组团调研 8 家有代表性的制造企业（电子信息、新能源汽车、医药等）发现，只有 3 家达到数字化工厂的水平，其中 1 家企业一条生产线正向智慧工厂迈进，更高层次的智能制造没有一家。

四是产品附加值低。调研发现,造成这一问题的主要原因在于企业科技创新能力薄弱,赣江新区自有品牌比较少,大量企业总体上仍处于国际分工和产业链的中低端,产品定价权丧失。一旦经济大环境发生变化,影响较大。以共青城市为例,2016 年 1~5 月规模以上工业增加值约为 25 亿元,同比增长约 8%,低于全省约 1 个百分点;出口总值约 7 亿元,同比约下降 40%,经济下行压力重重。

(2) 赣江新区城镇"智造"发展存在的问题。城镇"智造"是指高科技、新技术在城镇建设过程中的运用并打造出高质量的城镇生活。当前城镇"智造"主要是通过智慧城市建设来实现。智慧城市是我国新型城镇化发展、现代科学技术不断融入城市和行业、社会不断创新发展等背景下的必然产物,是有序推进新型城镇化,实现城镇科学健康持续发展的有效手段。《国家新型城镇化规划 (2014－2020 年)》中明确提出"推进智慧城市建设"。昌九新型城镇带和滨湖生态廊道对赣江新区的城镇"智造"提出了更高要求。

调研发现,经过多年努力,特别是从 2013 年 7 月之后,昌九交通、信息、金融、医疗等同城化建设和昌九新区(赣江新区前身)建设等一系列重大战略决策的出台,赣江新区城镇"智造"发展取得长足发展,但仍存在以下几个不足:

一是城镇"智造"发展路径缺乏整体化。虽然"昌九一体化"建设一直是江西省经济工作的重心,也取得了不错的成绩。但由于所在行政区域的不同,各地缺乏对智慧城市的深层次思考与理解,一味追求 GDP 增长,盲目推进不符合城市发展实际的项目,统筹协调和顶层设计缺乏或不合理,致使当前赣江新区四个组团城市"智造"发展路径呈碎片化,整体性不足。赣江新区四组团在城镇"智造"发展上基本各自为政,缺少"抱团"发展意识,恶性竞争频发。

二是城镇"智造"基础设施建设未能智能化,与"互联网＋"融合不够。基础设施是承载智慧城市运行的重要载体,基础设施智能化水平不足的现况,在一定程度上影响了智慧城市的整体推进。

调研发现，一些地方"三网融合"进展缓慢，重复建设现象普遍，大部分道路、交通、供电、供水、供气、排水、园林和环卫等市政基础设施并未进行智能化升级改造，对城市精准化运行管理的支撑力度有限，甚至在雨季某工业园区出现严重内涝现象。共青城自 2013 年 8 月已列入第二批国家智慧城市试点名单，在智慧城市建设方面取得了一些成绩，但是在借助互联网推动城市产业发展与改善民生方面仍存在较大不足，"互联网+"与城市的融合还有很长的路要走。

三是城镇"智造"运行数据管理缺乏一体化。数据一体化管理，能够提高城市运行多源数据的数据整合、数据查询、数据分析和数据服务效率，满足智慧城市各类应用的实时处理和综合服务的要求。赣江新区各组团都缺乏统一的城市运行数据管理和公共信息服务平台，对今后新区政策制定、实施和城市顺畅运行不利。

5.2.4.2　已往国家级新区的发展模式分析

自 1992 年第一个国家级新区——上海浦东新区成立至江西省赣江新区获批，我国共设立了 18 个国家级新区。在之前设立的 17 个新区中，除浦东新区和天津滨海新区系行政区，设立区委区政府，其余 15 个新区都是行政管理区，只设立管理委员会。研究这些新区可以发现，由于所处发展阶段、城市行政层级、发展基础等方面旳差异，各国家级新区管治模式不尽相同，每一个都有着独特的发展定位，没有哪个国家级新区是完全相同的发展模式。

（1）新区发展模式的分类。研究已往其他 17 国家级新区的发展可以发现，虽然我国对国家级新区的定位为产城融合，但各新区发展各有侧重，大致可分为七大类，如表 5.11 所示。

表 5.11　　　　　　　　　　　我国国家级新区发展分类

发展模式	侧重点	特点	新区	国家大战略或平台支撑
产城融合	功能开发型	以功能开发为主导，以功能开发区为主要载体	上海浦东新区	一带一路、长江经济带
			甘肃兰州新区	一带一路
	外向经济型	以国际市场需求为导向，参与国际分工	天津滨海新区	京津冀城市群、环渤海经济区
			广东南沙新区	一带一路、珠三角经济区
			大连金普新区	一带一路
			黑龙江哈尔滨新区	一带一路
	城乡统筹型	以扩大内需与民生优先为导向的开发建设模式，打造区域一体化	重庆两江新区	一带一路、长江经济带
			云南滇中新区	一带一路
			南京江北新区	长江经济带
			四川天府新区	长江经济带
			湖南湘江新区	长江经济带
	海洋经济型	以海洋经济为主题，建世界一流港口城市	浙江舟山群岛新区	一带一路、长江经济带
			青岛西海岸新区	环渤海经济区
	创新城市型	区域各方面基础好，城市功能区分类建设	陕西西咸新区	一带一路
	创新经济型	以复合型多产业造城，以创新发展带动经济转型升级	吉林长春新区	一带一路
	生态导向型	良好的生态基础，以现代产业、新型城镇化建设为抓手	福建福州新区	一带一路
			贵州贵安新区	黔中经济区

　　显然，江西省赣江新区建立在昌九一体化和鄱阳湖生态经济区建设基础之上，有着其独特的发展底蕴和发展路径，赋予了产城融合新内涵，这是其他国家级新区或正在申请成为国家级新区所不具备的。赣江新区发展类型基本上是介于城乡统筹型和生态导向型之间，可称为生态

城镇型。

（2）国家级新区发展的共同点。国家级新区的发展，从宏观上看，都是国家级战略规划的一部分，都注重功能区发展战略，是改革开放的探索性试点；从中观上看，都是在区域范围内培育经济新的增长极，目标是构建完整的区域经济发展体系；从微观上看，都是对生产要素重新并有效的配置。尽管各个新区有自身独特的发展模式，但研究仍可以发现它们的一些共同点，主要表现在：

一是产业集群化、高端化和智能化发展。在新区建设中，传统产业不再是主导产业，主要是高新技术、信息化和智能化等"高精尖"产业，并注重金融业和物流业等的发展。

二是交通网络化、立体化和便捷化发展。每一个新区的建设，都非常重视交通等基础设施的投入，打造临港（海、水）、临空、临路的功能先导区。

三是城市功能化、智慧化和绿色化发展。国家级新区的建设多采取"多中心、组团式"模式。通过对产业中心或城市组团功能的塑造，从而实现整体布局和功能的优化，实现城市的生产、生活与生态等方面的综合平衡发展。

5.2.4.3 赣江新区产城"智造"创新管理策略

新常态下，产城融合是贯彻创新、协调、绿色、开放和共享五大发展理念，推进供给侧结构性改革的具体体现，有利于地方经济的转型升级。城市没有产业支撑，如无源之水；产业没有城市作为依托，如无本之木。作为生态城镇型发展的赣江新区，在参考已往新区发展经验的同时，更重要的是，要走出一条具有自身特色的"智造"发展之路，依托城市功能发展产业园区，以产业园区配套城市功能，真正实现产城融合发展。

（1）加大科技创新、引进和转化力度，实现产业"智造"，提升赣江新区城镇发展品质。在优化城镇功能布局和产业布局的同时，赣江新区要以科技创新为引领，产业"智造"为目标，抓好相关载体和平台建设，重点打造一批千亿级的产业集群，着力培育一批百亿级的大企业和一批高新技术企业，真正使产业集聚区成为特色鲜明、优势突出、集聚度高、竞争力强的发展载体，从根本上解决赣江新区产业发展科技含量低、布局松散、结构雷同和竞争无序等问题。

昌北组团要充分发挥赣江新区产业龙头的作用，在"龙头昂起"和"龙头引领"上下工夫，打造"新型工业区、创新创业城"。要继续加强对国家生物医药产业基地、江西光电产业基地、装备制造业基地、家电产业基地、汽车及零部件产业基地等五个重要产业基地的建设，加大科技创新、引进和转化力度，实现产业升级和产业"智造"。要以儒乐湖（产业）新城建设为"引爆点"，加快打造大昌北经济圈，推进保税物流中心、新能源汽车城和南昌光谷等科技工业园区建设。

临空组团要遵循临空经济发展规律，从赣江新区产业整体布局统筹考虑，结合区域发展实际，与周边地区错位发展。要以欧菲光产业园、绿地邻里中心、智慧海派手机产业园、南昌八一基地北斗产业园和鸿利光电 LED 产业园等项目为抓手，着力发展临空产业集群、拓展临空产业链、增强临空产业科技创新能力，重点突破航空运输物流业、临空型先进制造业、临空型现代服务业、临空型特色农业四大主导产业，构建具有地方特色的现代临空产业"智造"体系。

永修组团要借"智"引"智"，提升星火、云山和城南三个园区建设科技含量的同时，重点推进马口和恒丰两个工业新区建设。要利用被批准为"国家新型工业化产业示范基地"契机，加快智慧园区建设，全面延伸、丰富永修的有机硅产业链，做强以有机硅为主导的新型建材、新型电子、新型机械制造和新型仿生制药"1+4"产业集群，实现经济的提质增效。

共青城组团的主导产业为电子信息、现代轻纺、新能源新材料、电子商务等，部分产业发展创新不足。要积极探索科技创新投入方式，以动漫软件基地和金融服务中心建设为契机，通过延链、补链、壮链来提振、升级传统产业。共青城组团在现代农业和现代服务业方面有很好的基础，要以高科技农业产业为支撑，积极打造台湾现代农业示范园区建设。要加大研发投入，依托"互联网＋"等信息科学技术，大力发展电子商务，打造自主服装品牌。

（2）借"互联网＋"和智慧城市建设契机，乘赣江新区获批东风，实现城镇"智造"，努力推进赣江新区生态城镇化建设。智慧城市是科技创新、管理创新和业态创新的结果。智慧城市不仅需要物联网、云计算、大数据等新一代信息技术的支撑，更要培育面向知识社会的下一代创新（创新2.0）。我国正在努力推行智慧城市建设，促进城市规划管理信息化、基础设施智能化、公共服务便捷化、产业发展现代化、社会治理精细化。"互联网＋"是智慧城市的基本特征，要积极推进"互联网＋城市（社区）""互联网＋政务""互联网＋企业""互联网＋金融"和"互联网＋人"五位一体建设，实现赣江新区城镇"智造"。

要突出"绿色智慧"理念，推广低碳节能技术应用，在城市建设中发展节能环保产业，推进企业清洁生产。在进行各种基地、产业园等平台建设时，要加快引进新一代信息技术，统筹建设信息化基础设施平台，形成先进、完整的智慧基础设施体系。要促进产业和企业进行智慧化改造提升，积极发展智慧物流、智慧供应链、移动支付等智能信息服务，提升区域运行效率。要充分按照绿色低碳、产城融合的建设要求，做到"科技创新"与"城市经济"双轮驱动，建设绿色智慧、集约有序的现代化产城融合发展示范区。

要按照绿色节约的建设原则，积极采用低碳设计、低碳用能、低碳构造和低碳用材，利用智能技术和生态技术实现建筑节能，建设一批节能、生态、环保的"绿色建筑"。在公共机构率先推广使用节能设备和新能源产品，减少公共机构碳排放。积极引进节能先进技术、设备和管理模式，鼓励开展节能技术产品应用和推广示范。

要突出"一体化政府"思想，加快出台赣江新区城镇建设的顶层设计，统筹安排，既要充分发挥各组团的区域特色，又要体现赣江新区建设的整体性。要通过借助"互联网＋"这一催化剂，着力推动数字化办公、网上行政审批、社区数字化管理服务平台、社会信用体系建设，提升现有城市发展和服务平台，通过智慧城市综合应用中心、智慧城市大数据平台等项目，推动赣江新区一体化发展。

要突出"融城兴区"战略，推进智能技术在城镇交通、能源保障、城市安全、教育医疗、政务服务等领域的示范应用，高标准、高起点打造工业文明、城市文明、生态文明"三个文明"融合的样板区。昌北组团应当以儒乐湖（产业）新城建设为契机加快产城融合。临空组团应当向绿色智慧空港区建设迈进。永修组团应当重点发展城南区，以主动融入南昌临空经济区发展，打造成临空都市圈副中心。共青城组团应当借助第二批国家智慧城市试点契机，着力以私募小镇、航空小镇、O2O国际智贸港和科教城等建设推进南湖新区向"南湖新城"建设迈进。

（3）加强本土智库建设与管理，建立赣江新区（昌九）高校（科研院所）战略联盟，服务地方"智造"发展。这里是广义上的"智库"，包括培养人才的各类高校、科研院所和从事开发性研究的咨询研究机构。赣江新区"四组团"中的昌北和共青城组团可以看作新区发展的两翼。这"两翼齐飞"对于赣江新区整体发展极为重要。

发展靠的是人才和智力。高端人才又是产业转型升级和城市品质提升的关键要素。经不完全统计，昌北组团拥有高校14所（不含相关高校独立学院）、科研院所19所和技工学校6所，共青城组团现拥有高校2所。另江西省委省政府已经决定要把部分高校独立学院搬迁到共青城，2016年9月就有两所入驻（另三所2017年9月入驻）。这些不但能打造共青城为科教城，丰富其功能区，同时将共青城组团拥有高校数增加到7所。分析发现，赣江新区这些院校每年可为赣江新区发展提供各类人才10余万人，为新区引进与培养人才、提高创新能力、集聚发展高新技术产业奠定了良好基础，应当充分发挥其教育功能。

高校是科技和人才的摇篮，除了培养更多赣江新区建设人才外，还要充分发挥赣江新区（或昌九所有高校和科研院所）高校服务地方经济建设的功能，打造高端智库，建立高校战略联盟和企业工作站，联合开展赣江新区产业、新型城镇化、交通、生态、教育等相关发展的专题研究，服务赣江新区乃至江西"智造"发展。

5.2.5　电子商务产业发展与人才创新管理——以江西为例[①]

城镇化发展离不开相关具体产业的支撑。没有产业的发展与壮大，城镇化发展就成了无源之水、无本之木。而产业的发展，关键在于政府的创新管理与人才的培养与使用上。政府管理创新与人才培养是欠发达地区城镇化质量提升的关键。在本书的研究过程中，调研了制造业、旅游业、环保静脉产业、电子商务产业和生态农业等众多产业。考虑到电子商务产业的迅猛发展，在产业"智造"和城镇"智造"中扮演着越来越重要的作用，并与城镇化测度指标中众多指标相关，与基于生态文明的欠发达地区城镇化质量提升机制中的农业现代化发展、工业产业化发展、经济全球化发展、信息高新化发展和政府服务化发展都联系紧密。我们以江西电子商务产业建设为例，研究政府创新管理与电子商务人才创新管理。

5.2.5.1　江西省电子商务发展与电商人才现状分析

自江西省委十三届七次全体（扩大）会议提出"发展升级、小康提速、绿色崛起、实干兴赣"总体思路以来，江西省传统企业抓住转型升级契机，积极发展电子商务。各级地方政府也积极出台相关政策，优化电子商务发展政策环境。在这种大好氛围下，江西省电子商务发展速度

---

① 本节部分内容已发表（余达锦：《破解我省电子商务人才瓶颈的思考》，江西省社会科学界联合会《内部论坛》，2015 年第 15 期），获时任江西省委书记强卫、江西省人大常委会副主任马志武肯定性批示，并交商务厅等部门研究参阅。1 个多月后，江西召开了全省电子商务推进大会，并出台了包括电子商务发展和人才建设在内的相关促进电子商务发展的 19 项措施。

显著提升，示范体系带动效应明显，电子商务集聚区提速迅猛。调研显示，2014 年江西省电子商务交易额 1384.8 亿元，比 2013 年增长 110.6%，连续两年实现 3 位数快速增长。在此基础上，江西省进一步提出了 2015 年全省要实现电子商务交易额、电子商务经营主体数量和涉农电子商务交易额"三个翻番增长"的目标。数据表明，2015 年江西电子商务销售额为 2871.41 亿元，同比增长 107.36%。其中，网络零售额为 680.73 亿元，同比增长 116.93%，占社会消费品零售额比重较 2014 年同期约提升 4.5 个百分点；涉农电商销售额为 184.35 亿元，同比增长 163.36%；跨境电商销售额为 363.85 亿元，同比增长 61.18%。江西"三个翻番增长"的目标全部实现。

在发展形势喜人的背景下，要清醒地认识到发展中存在的问题，更应当以新常态来判断当前江西省电子商务的发展。新常态之"新"，意味着不同以往。电子商务是一种新兴产业，江西省的电子商务发展近两年才兴起，发展速度也是年年翻番，符合"新"意。新常态之"常"，意味着相对稳定，也就是说要保持良好的可持续发展势头。可以说，江西省的电子商务要符合"常"意，还有很长的路要走。古人云谋事在人，这其中最关键的还在于电子商务人才的培养。不但要培养出三创（创造、创新、创业）型电子商务人才，而且要常态化发展，走江西省电子商务人才可持续发展之路。

江西省虽然具有较好的人力资源基础，但由于种种原因，导致电子商务人才紧缺，制约了江西省的电子商务产业发展。电子商务人才的现状特征主要表现在：

（1）电子商务"醒得晚"造成人才队伍外流严重。江西省电子商务发展可谓"醒得晚"，真正提上政府工作议程是 2013 年，出台了《江西省人民政府关于加快电子商务产业发展的若干意》，比沿海省份至少晚 5 年。如义乌市电子商务发展起步于 1998 年，这个时间比江西早了十几年。"醒得晚"造成的直接后果就是江西省相当规模的电子商务人才外流。南昌大学和江西财经大学从 2002 年就开始开设并招收电子商务专业本科生，之后更多高校加入了电子商务人才的培养。目前江西省共有71 所大中专院校开设电子商务专业，但调研数据发现，由于缺乏发展的平台，86% 的毕业生都选择在外省工作。

（2）电子商务"跑得急"造成人才数量和质量的不足。近年来，江西省电子商务产业发展势头迅猛，可谓"跑得急"。从 2012 年的 323 亿元到 2013 年的 657.5 亿元，再到 2014 年的 1384.8 亿元，江西省连续 3 年实现电子商务交易规模翻番。电子商务产业的快速发展，导致了大量的人才需求，电子商务人力资源一时难以适应和调整，出现了人才空缺。

一是人才数量的不足。经测算，2013 年全国电子商务服务企业直接从业人员超过 235 万人，江西省不到 6 万人。到 2020 江西省电子商务交易额将突破 1 万亿元，规模以上企业电子商务应用率达到 98% 以上，中小企业电子商务应用率超过 90%，电子商务各类人才需求约为 32 万。

二是人才质量的不足，即缺少高精尖的电子商务人才。目前，高质量的电子商务人才大都集中在上海、北京、江苏、浙江、广东等地。江西电子商务人才质量良莠不齐。调研发现，许多企业的创意和发展规划都很不错，却难以找到专门的电子商务人才来运作。针对整个电子商务行业从业人员的人力资源链条而言，具有实战经验的对电子商务了解深入的电子商务人才还很奇缺。来自阿里巴巴的报告也显示，超过 70% 的中小企业表示影响企业电子商务与网络营销效果的最核心因素是实战实用型人才的匮乏。

（3）电子商务"总量小"造成人才结构极不合理。尽管江西省电子商务产业发展势头迅猛。成绩的取得与江西省委省政府对电子商务发展的觉醒与推动有关，有关学者甚至把 2013 年定为江西省电子商务发展元年。但江西省电子商务产业规模不大，总量小，与电子商务发展大省差距还很大。2013 年，浙江省电子商务交易额突破 1.6 万亿元。就拿义乌市为例，2013 年义乌市电子商务交易额为 856 亿元，江西为 657.5 亿元，一个市超江西省全省总量约 200 亿元。2014 年义乌市电子商务交易额为 1153 亿元, 江西为 1384.8 亿元, 反超 230 多亿元。电子商务"总量小"带来的问题就是人才不愿来, 来了又留不住, 因为缺乏电子商务大型平台和完善配套设施。

一般来说, 电子商务人才可分为四类, 即应用型、开发型、管理型与教育型。应用型人才是直接面对客户的, 开发型人才是电子商务平台建设者, 管理型人才主要是指政府和企业的电子商务管理人员, 教育型人才是指从事电子商务教育及研究的人员。调研发现, 江西省四类电子商务人才都较为缺乏, 人才结构极不合理。在 5 家省级电子商务示范基地、5 家省级电子商务示范企业、1 家大学生电子商务创业孵化基地和 1 所高校发放的共 197 份有效调查问卷结果显示, 87% 的问卷人认为江西省电子商务人才结构极不合理, 认为江西省电子商务领军人物或团队缺乏的占 93%, 认为应用型人才缺乏的占 68%, 认为开发型人才缺乏的占 76%, 认为管理型人才缺乏的占 46%, 认为教育型人才缺乏的占 62%。

(4) 电子商务"意识淡"造成人才培养和引进的缺失。江西的电子商务起步较晚, 全民电子商务的意识还未形成, 电子商务从业人员普遍存在浮躁心理, 对发展电子商务的重要性和必要性缺乏清晰的认识和理解。电子商务"意识淡"造成人才培养和引进的缺失。一个是电子商务专业人才培养和引进的缺失; 另一个是社会电子商务人才(基本从业人员和管理人员) 培养和引进的缺失。

调研发现, 近年来江西一些县域电子商务发展得很快, 但也有一些地方政府没有认识到政府在发展电子商务中的重要作用, 没有采取积极有力的政策来推动电子商务的发展。一些传统企业缺乏互联网思维, 过于注重短期利益, 对电子商务发展不够热心。这些都造成电子商务人才培养和引进的力度还不够, 缺乏长远的因地制宜的电子商务人才发展规划。

(5) 电子商务"分布散"造成人才聚集效应的不足。2014 年全省电子商务经营主体近 5.5 万家, 其中电子商务应用企业 6200 余家, 个体户网店 4.8 万余家。从电子商务交易规模看，江西省电子商务交易超千万元的企业达 825 家，其中超 10 亿元级企业仅 16 家，占总数的 0.258%；亿元级企业 163 家，占总数的 2.63%；千万元级企业 646 家，占总数的 10.42%。可见，江西省电子商务企业多数是中小型企业，而且分布比较零散，未形成产业聚集和人才聚集效应，企业抗风险能力较差。经济要发展，产业先升级。浙江省一直认为电子商务是传统产业集群升级的最佳出路。2014 年数据显示，浙江拥有全国近 40% 的行业电子商务网站，基本形成了义乌小商品、绍兴轻纺、海宁皮革、嘉兴茧丝绸、桐乡毛杉、永康五金等电子商务产业集群，极大地推动了浙江电子商务的发展。

5.2.5.2　江西省电子商务发展政府创新管理策略

一是抓住"一带一路"建设契机，推进电子商务在制造业、服务业、旅游业等产业领域中的应用，加快推进铜、稀土、钨、煤炭等大宗商品电商交易中心建设，实现商品交易由单一形式的面对面交易向多元化、电子化的市场交易方式转变，推动江西省特色优势产业实现线上线下融合发展。

二是利用现有电子商务基地，大力打造江西电商平台和江西电商品牌，围绕陶瓷、旅游、医药、农产品等特色产业培育一批垂直电商平台，支持赣南脐橙、蜜橘、水产、山茶油、茶叶等特色农产品开展线上销售，培育一批知名农产品电商品牌。

三是进行政府管理创新，将电子商务发展纳入地方政府考核体系。政府服务化对电子商务发展推动作用明显。调研发现，近年来江西一些县域电子商务发展得很快，但也有一些地方政府没有认识到政府在发展电子商务中的重要性，没有采取积极有力的政策措施来推动电子商务的发展。

四是加大对电子商务发展的支持力度，加快电子商务产业的聚集，从政策规划、资金、立法等方面为电子商务发展保驾护航。

5.2.5.3 江西省电子商务发展人才创新管理策略

产业的发展，人才的培养与使用很关键。电子商务是信息流、资金流、物流等"三流"的统一体，它能从多层次、全方位推动一个地区经济的发展。电子商务能降低企业运营成本，为企业提供更加广阔的市场空间，从整体上增强企业竞争力；能突破传统交易的时空束缚，提供个性化的产品和服务，给人们的工作和生活提供极大的便利。江西要实现中部崛起目标、实现经济跨越式发展，离不开电子商务的可持续发展，必须进行人才创新管理，加快电子商务人才的培养。

（1）构建"点、线、面"相结合的立体化科学人才培养模式，为电子商务人才的培养提供机制保障。

"点"，即培养或引进电子商务领军人物或团队。领军人物的示范和带动作用是巨大的。客观而言，人群基数越大，养分越充足，诞生领军人物的可能性越大。但江西总量还较小，一时还无法产生，可从引进上下工夫，可"筑巢引凤"或是"腾笼换鸟"，做好"引进来"和"走出去"工作。

"线"，即通过高校培养电子商务专门人才。教育部门要放权相关专业建设和招生指标，培养方式要灵活多样，也不必局限于固定4年或3年，如有好的项目，边创业边学习未尝不可。专门人才对于电子商务可持续发展意义重大。如孔明灯大王刘鹏飞就是江西于都人，2007年从九江学院毕业后到义乌创业，现已在宁都成立了飞天卖光光集团，成为当地电子商务龙头企业，实现工业品下乡和农产品进城的双向流通。

"面"，即通过各种短期培训培养电子商务人才。一是电子商务应用和技术开发人才的培训，提高相关人员的工作能力。二是政府和企业电子商务管理人才的培训，提高相关人员的管理水平，使他们能够从战略的角度上分析和把握电子商务发展特点和趋势。三是涉农电子商务人才的培训。"互联网＋农村"就是涉农电子商务。江西的涉农电子商务大有可为。近年来涌现了星子县红星村、分宜县双林镇、婺源县严田村等一大批具有特色鲜明的"淘宝村"。2014年，红星村、双林镇、严田村三地的电子商务交易额分别为 10 亿元、3 亿元和 2400 万元，占当年涉农电子商务交易总额（70 多亿元）的近两成。这些"淘宝村"的形成和发展都是靠有经验的涉农电子商务人才回乡创业带动。江西的农产品丰富，2014 年全省生态有机产品产值达 1600 多亿元，有 900 多个形成了一定规模的名优特色产品。因此，要积极抓好农村电子商务发展，让农村电子商务百花齐放，加快农产品触网进城，让有特色的本土产品实现本土上线销售，助推江西农产品在全国有影响力，就必须大力培养或引进涉农电子商务人才。

（2）实施"8090"计划和 2016～2020 年电子商务人才培训五年行动计划，完善电子商务人才培养和引进相关法律法规，为电子商务人才的发展提供制度保障。

围绕国家级电子商务示范城市和各类基地，大力引进和培养电子商务人才和团队，探索实施"8090"计划和 2016～2020 年电子商务人才培训五年行动计划。即力争到 2020 年全省电子商务专业人才达 5 万人，其中领军人才达到 80 人，高层次人才达到 5000 人；全省电子商务从业人员突破 90 万人。

要充分发挥电子商务人才的主导和团队作用，不断创新电子商务发展的外部环境，要充分发挥相关立法在电子商务发展中的推动作用。各级人大要通过相关立法，资助电子商务人才培养和团队建设，把电子商务人才培养纳入法制范畴，使电子商务人才的发展得到法律上具体而切实的保障，从而保证电子商务的健康发展，为江西经济腾飞提供保障。调研中发现，个别电子商务企业在地方的基地建设与地方发展用地存在不协调情况，虽然问题及时得到解决，但也挫伤了电子商务企业人才的生产积极性。因此，要适时出台相关电子商务人才引进政策或补偿措施，调动各地、各传统企业发展电子商务、使用电子商务的积极性。

（3）坚持"政府主导、社会辅助"机制，加大电子商务人才培养的经费投入，为电子商务人才的培养提供经济保障。

电子商务人才的培养离不开大量经费的投入。调研发现，现阶段政府投入仍占主导地位，应该加强政府投入的主渠道作用。但江西省各级政府对这方面的投入明显不足。各地要从本级财政安排专项资金，加大人均经费投入和相关基地建设。要设立专项经费，专门用来对电子商务人才的培养和引进。各相关企业要放弃等、靠、要的思想，通过多渠道多途径筹措电子商务人才培养的经费，包括风险投资和银行贷款，借电子商务发展东风，大力发展江西经济。各高校要不断更新电子商务人才培养体系，要形成以市场和企业为导向的"零适应期"或"楔型人才"等人才培养创新理念，通过各个方向课程模块的教学，培养学生较突出的专业核心竞争能力。高校也要引入市场投资机制，多渠道、多方式筹措电子商务人才培养资金。

（4）积极打造"双百"基地——100个省级电子商务示范基地和100个大学生（青年）电子商务创业孵化基地，为电子商务人才的培养提供平台保障。

当前江西电子商务发展氛围日益浓厚，发展速度显著提升，示范体系带动效应明显，电子商务集聚区提速迅猛。18个省级电子商务示范基地入驻企业共计1730家，累计实现电子商务交易额267.4亿元，有7家基地电子商务产值超10亿元；43个省级电子商务示范企业累计实现电子商务交易240.5亿元。但调研发现，与相关发达地区相比，江西省电子商务基地和平台还较为缺乏。

要加大对电子商务招商引资力度，加快国家级电子商务示范城市、省级电子商务示范企业和电子商务进农村综合示范县建设，打造100个省级电子商务示范基地。只有电子商务的发展，电子商务的人才培养才有必要，其培养经费才能得到保障。此外，青年是电子商务发展的生力军。要大力建设100个大学生（青年）电子商务创业孵化基地，做到每个全日制高校都要有，每个县市都要有。进入电子商务创业孵化基地学习实践后，一是可直接进入电子商务产业园创业，二是做电子商务职业经理人，服务于广大中小企业与大商户。这两种发展方向，都有利于大学生（青年）成才成功，助力江西电子商务发展。

第6章　我国欠发达地区城镇化质量提升策略研究

6.1　欠发达地区城镇化质量提升原则[①]

综合城镇化建设的相关理论与欠发达地区城镇化发展实践，提升欠发达地区城镇化质量应遵循以下原则：

（1）统筹发展原则。城镇具有辐射性，与其周边的城镇和农村相互作用相互影响，它不是一个孤立存在的点。也就是说城镇通过不断地发展，不断向周边辐射，与周边的城镇和乡村联结成为一个不断发展的城镇或城镇体系，也就是城乡一体化发展。在这个过程中，城镇会有趋同性。为避免"千城一面"的现象，城镇化发展一定要以人为本，重视质量的提升，一定要重视城镇规划，把规划当作建设与管理的"龙头"。因此，城镇化的发展要科学规划，合理布局，统筹发展。城镇宏观发展规划不仅包括基础设施发展规划，更重要的要有社会经济发展规划。就一个区域城镇化而言，发展规划除了要具有宏观方面的指导性，也要有

---

① 本节和下一节主要内容已于 2014 年 7 月在江西省哲学社会科学教学科研骨干研修班主题为"发展升级、小康提速、绿色崛起、实干兴赣"学员代表论坛上宣读，后修改整理题为《以人的城镇化为核心，提升江西新型城镇化质量》（作者：余达锦）于 2014 年 9 月 14 日发表于江西省委党校、江西行政学院主办的《领导论坛》第 17 期（总第 334 期），并获江西省政协副主席孙菊生肯定性批示并转相关部门参阅。

微观层面的可操作性，既要充分把握当前形势，又要具有前瞻性和预见性。

（2）产业保障原则。人的城镇化离不开强有力的产业支撑。产业发展是人的城镇化的动力和核心问题。产业发展战略涉及的是城镇化发展中带有全局性、关键性的内容，包括产业定位、产业结构特色和主导产业选择，以及与之相适应的各种经济社会制度培育等。每一个城镇都应该根据自身的产业特点来制定科学合理的发展规划，找准产业发展的方向，加大扶持力度，大力培育支柱产业和发展特色产业，尤其是绿色产业，积极培育充满生机和活力的城镇产业经济。

（3）生态建设原则。良好的生态环境是实现欠发达地区和谐秀美的必然要求。城镇化建设过程中要严格做到对生态的保护和建设，不能走"先破坏后建设，先污染后治理"的发展老路。要建设生态城镇，走生态文明建设之路，"要金山银山，更要绿水青山"。要以生态农业为突破口和着力点发展现代农业，不断巩固和加强各类国家粮食和优质农产品生产和加工基地的地位；要以生态产业作为发展的主线，以清洁生产、循环经济、生态经济的理念大胆改革创新，走新型绿色工业化的道路；要以现代服务业为支撑，不断促进经济增长方式向经济发展方式的转变，促进欠发达地区经济社会又好又快发展。

（4）层次渐近原则。人的城镇化的发展要近远结合，有主次、按计划、分步骤地进行，既要有清晰而坚定的长期愿景，也要区分近期建设的轻重缓急。城镇建设的规模，一定要同可能提供的条件相适应。对于欠发达地区而言，要优先发展大城市向特大城市进军。城市越大，产业发展所需的人口聚集效益和规模效益就越大，城市辐射功能就越强，对区域的带动能力也就越大。在建设过程中一定要合理发展，避免"城市病"的发生。对于中小城市，可以根据区位条件、要素禀赋和社会经济发展的需求，以产业优化调整升级为基础，不断推进城镇的合理布局和建设，打造区域经济中心，进而带动全区经济社会发展。

对于小城镇，要在原有中心镇的基础上，优先安排好贸易市场、文化教育和商业、服务业的建设，然后逐步建设供水、排水、道路等市政设施。

6.2　欠发达地区城镇化质量提升总体建议①

（1）突出内涵式城镇化发展改革理念，做到速度与质量相结合。目前，新型城镇化发展已经成为一个化解制约欠发达地区科学发展与和谐发展突出问题的关键所在。新型城镇化不但注重城市发展的速度规模，更关注城市发展的质量功能。近 10 年来，欠发达地区城镇化水平快速提升，但存在着重速度有余而质量不足的现象。城市虽然变大了，城镇人口也增多了，但产业发展水平不高，公共设施配套供给不足，给交通和环境带来巨大压力，出现了各种"城市病"，城市带动乡村的内在功能和承载能力尚未得到有效发挥。[185]要走内涵式城镇化发展道路，要速度，也要质量，要从"土地城镇化"向"人的城镇化"转变，把扩大内需和增加投资的潜力变为城镇科学发展的动力。既要努力提高劳动生产效率和产业发展水平，大力吸纳农业剩余劳动力转移，创造出更多社会财富，又要加快调整国民收入分配格局，让包括农村转移人口在内的全体人民共同分享发展成果和城镇化红利。

（2）突出协同式城镇化发展创新理念，做到城镇化与工业化、信息化、农业现代化相结合。欠发达地区城镇化发展要突出协同式理念，统筹"新四化"发展，需要平衡多方面关系。毋庸置疑，城镇化发展将推动工业化、信息化和农业现代化的协调发展。城镇化和工业化好比是一个硬币的两个面，它们是一个相伴而行、相互促进的统一发展过程，具有较强的同步性。农业现代化是城镇化发展的基础，反过来城镇化又是

---

①　本节主要内容已作为课题阶段性成果发表。同上一节。

实现农业现代化的前提，并促进农业现代化的发展。城镇的发展历程本质上就是信息交流的发展历程。信息化发展导致了各种空间尺度上社会经济要素的重组，促进了区域经济发展与功能的完善，进而优化城镇功能，促进城镇化质量的提升。反过来，城镇化是信息化的主要载体，城镇化能够为信息化的发展提供更加广阔的发展空间，为信息产业提供需求。总之，只有"新四化"协调、同步发展，才能不断推动区域经济结构优化升级，提高城镇化质量。

（3）突出开放式城镇化发展管理理念，做到顶层设计与地方实践相结合。城镇化发展要突出开放式理念，解放思想，创新管理。在欠发达地区城镇化过程当中要做到既充分发挥政府的调控功能，又要充分发挥市场的作用；既需要进行顶层设计，又需要地方实践和群众首创。各地可根据本地区的实际情况，参照中央、省里设定的原则、方向与标准，创新探索人的城镇化的具体路径。要允许地方边行边试，给予地方政府更大的权限，加速推进包括户籍制度、土地制度、中央和地方财税制度、高考制度、收入分配体制、养老统筹制度、医疗体制、行政管理制度等方面的试点与改革。城市群将成为未来中国城镇化的主要形态。城市群体系的建设要更多地体现市场的作用，而不能用行政区划来约束限制。这就需要各级政府部门解放思想，要有同下一盘棋的观念，不断推动相关的制度创新和体制改革。城镇化和产业发展不可分割，欠发达地区城镇化的发展模式一定要因地制宜，要选择适合本地区特点和发展阶段的城镇化模式。

新型城镇化的核心是人的城镇化，要做到以人为本，创新管理。在城镇化过程当中，要尽量充分考虑各种各样的因素来不断提高城镇化的质量，避免或者是减少"城镇病"的发生。要避免急于求成的现象或是政绩工程，要本着既为当代人民谋福利，又为后代子孙负责任的态度去规划和建设。避免"城市病"产生的根本还是在于不断提升城镇的公共治理水平，让专家、民众和政府都参与进来，共同经营自己生活的城镇。

6.3　江西城镇化质量提升策略①

6.3.1　江西城镇化质量提升总体建议

（1）努力把握城镇化发展规律，调整产业结构，优化产业布局，"新四化"同步协调发展，打造健康的城镇体系，促进城镇化质量提升。

从城镇人口标准来看，江西省已进入初级城市型社会，但从生活质量、城乡标准、社会发展等标准看，江西省离城市型社会的要求还有很大的差距。也就是说，江西省城镇化质量与城镇化水平发展不同步。当前江西省已经进入了工业化和城镇化"双轮"驱动的新发展阶段，应全面贯彻党的十八大精神，依托中心城市，以鄱阳湖生态经济区建设为先导，以昌九一体化建设为核心，以工业园区打造为载体，加快工业转型升级，走新型工业化道路，大力优先发展劳动密集型产业、中小企业和现代服务业，积极加快产业和人口集聚，促进产城融合，推进工业化、信息化、城镇化与农业现代化同步发展，促进大城市和中小城镇的协调发展，着力提升城镇综合承载能力，发挥好城市对乡村的辐射带动作用，改变过去只看重城镇化规模和数量的情形，更加重视提高城镇化质量，创造出一个规划更加合理、功能更加完善的宜业宜居城镇体系。

（2）以生态城镇化建设为导向，走差异化的新型城镇化道路，促城镇化质量提升。

前面研究表明，生态城镇化是城镇化的最终目标，对生态、产业、

---

① 本节主要内容已发表：余达锦. 欠发达地区城镇化发展质量测度研究［J］. 当代财经，2015（12）：3－13；Yu Dajin. Research on the Dynamic Mechanism of Urbanization Based on Synergetics-A Case of Jiangxi Province of China［J］. The Open Cybernetics & Systemics Journal, 2015（9）：69－75.

社会有着更高的要求。江西的发展，要做到"既要金山银山，更要绿水青山"，就必须建设生态城镇、低碳城镇，走能源结构现代化、产业高新低碳化和消费绿色生态化的生态文明建设之路。江西属于典型的欠发达地区，但水资源和林业资源丰富，生态环境较好。这也造成了江西的生态较为敏感脆弱，城镇发展经济和集聚人口的功能较差。江西的生态本底决定了其城镇化决不能照搬其他区域城镇化发展之路，要因地制宜，注重特色发展，走差异化的新型城镇化道路。要在工业化生产过程中，推广使用新能源，逐步降低煤炭等资源在能源结构中的比重，提高能源利用率，减少污染物的排放；植树造林，提高森林覆盖率和建成区绿地面积，提升生态环境质量和居民生活质量，以此来保证城镇化质量的稳步提高。

（3）尊重市场运行规律，转变政府职能，探索区域型政府管理体制，创新法治政府建设，创新城镇公共治理体系，促城镇化质量提升。

在城镇化发展进程中，要充分尊重市场运行规律，发挥政府在市场调节等方面的功能，建立并健全相关法律法规，创新城镇化发展的外部环境。要不断地推进行政体制改革，建立和完善区域城镇协调发展机制，探索区域型政府管理体制，更好地发挥区域整合辐射带动作用。要推行省直管县，简化行政管理体制层级。要充分发挥国家发展规划、地方产业政策、环境与能源立法等在经济和社会生活中的约束作用，推进相关立法工作，加强对违法行为的惩处，改变过去"执法成本高，违法成本低"的不合理现象，保护好江西的青山绿水。要创新法治政府建设，创新城镇公共治理体系，构建高效、包容、可持续的公共服务体系。地方政府在"新四化"建设进程中要转变职能，以人的城镇化为核心，建设服务型政府，减少对市场经济活动的干预，加大公共服务供给，保障城乡居民享受均等化的基本公共服务。要深化预算制度改革，强化预算管理和监督，完善财政体制，实行有利于科学发展的财税制度，建立健全生态补偿机制，为城镇化质量提升保驾护航。

6.3.2 江西产业发展策略[①]

对江西省来说,城镇化发展离不开第一、第二、第三产业的协同发展。没有第一产业的发展,第二产业不可能有较好的发展。同时,当第三产业发展到一定程度,也可以反过来促使第一、第二产业的发展。大力发展第三产业不是说先把第三产业发展起来以后再来发展第一、第二产业,更不是通过削弱第一、第二产业发展来发展第三产业,三产业之间应该是协同作用的。

首先,第一产业方面。生态农业现代农业是农业发展的一个大趋势,也是社会发展过程的一个必然选择。城镇化最终目标是生态城镇化。江西省应结合自身实际,采取有效措施促进生态农业的快速健康发展。要多元化发展农业,要以新农村建设为契机,整合现有资源,改变粮食单一种植的传统生产方式,向水果、蔬菜、家禽多元化发展。要培育一批基础设施完善、科技含量高、生产规模大的农产品生产加工基地,实施农业规模化、品牌化和现代化战略,促进农业快速、高效、高质量发展。

其次,第二产业方面。作为城镇化的主要推动力,江西省应当加大承接产业转移力度,以现有工业园区为抓手,提高科技创新能力,推动经济增长从资源依赖向科技依托转变。要推进信息化与工业化的融合,以信息化带动工业化,以工业化促进信息化。要以国家战略鄱阳湖生态经济区建设为契机,完善节能减排调控长效机制,大力发展低碳经济、循环经济和节能环保产业,推进新型工业化进程。

要在绿色化的指导下大力发展绿色工业,使之成为经济社会发展新的增长点。对于绿色创新的企业而言,应该重视不同的组织响应类型在

---

① 本节部分内容已发表:黄晓杏,胡振鹏,傅春,余达锦.绿色创新战略对企业绩效的影响机理——基于绿色动态能力的中介效应 [J]. 科技进步与对策,2015 (9):104 – 109.

提升企业绿色创新绩效时发挥的作用，尤其是企业的绿色战略选择对创新绩效的影响。企业高管在企业中的特殊地位决定其在战略制定上扮演重要角色，因此，应提高和强化高层管理人员的环保意识，促使其在战略选择上重视环境责任，进而保证绿色活动的顺利开展。对于政策制定者而言，除了执行更严格的环保法规外，还应对绿色创新企业提供适度的创新激励，补偿企业的创新损耗。市场压力来源于社会规范，政府应通过各种媒体渠道将绿色理念融入到公众的日常生活中，倡导社会公众树立低碳消费的观念，以进一步扩大消费者的绿色市场需求。与此同时，要不断完善市场竞争机制，加强企业之间的竞争导向意识，为绿色创新提供强大的驱动力。

对于制造业企业，要实施绿色创新战略，要使绿色创新在本企业的经营绩效方面发挥更大的作用，关键在于利用绿色创新激活、重塑及不断完善自身的动态能力。具体可通过构建组内及组间绿色学习平台，完善知识转移和对接机制，充分利用外部知识来源，不断调整和优化内部资源配置，同时，密切关注市场机会和创新契机，及时响应利益相关者的诉求和客户的潜在需求，使组织的绿色学习能力、绿色资源整合能力、绿色关系能力和环境适应能力不断趋于完善，最终促进企业绩效的提升。

最后，第三产业方面。江西省第三产业发展落后，以低层次服务业为主，竞争力不强。针对这一现实问题，江西省应该依托自身优势，大力发展现代服务业。要积极扶持新兴服务行业，加快就业制度、户籍制度的改革，着力发展劳动密集型服务业，创造更多的就业和再就业机会，吸引更多的人来到城镇。要加大体制创新，加快旅游资源优化整合，强化区域旅游一体化进程，提升旅游品牌，做大做强生态旅游产业。要依托区域内的交通干线和重要枢纽，充分发挥长江和鄱阳湖水系航运功能，加快南昌中部物流枢纽建设进程，拓展延伸物流平台。要加快投融资体制改革与创新，大力发展互联网金融，进一步健全和完善金融服务体系。

6.3.3　江西具体区域发展策略

根据分析讨论和欠发达地区城镇化质量进程分类，本书已将江西省的 11 个区市划分为三个等级。其中，第一等级包括南昌市和新余市；第二等级包括景德镇市、萍乡市、鹰潭市、九江市；第三等级包括上饶市、抚州市、吉安市、赣州市、宜春市。我们就按这三个等级，提出相应的区域城镇化质量提升策略。

（1）第一等级。南昌和新余的城镇化质量水平在江西省处于前两位，经济发展、社会发展、居民生活质量、城乡统筹等方面都处于领先地位，但是生态环境质量排名却比较靠后。因此，在今后的城镇化建设过程中，应多关注于生态环境，也就是"内涵"建设的提升，真正实现由单纯的扩大城镇规模向提升城镇质量的转变。

南昌作为江西省省会，唯一一个特大城市，城镇化质量稳居首位。从城镇化质量评价结果来看，较其他城市而言，南昌市的人均 GDP 和居民的生活质量水平比较高，基础设施完善，但是单位 GDP 能耗、工业用电量明显偏高，能源利用率及工业用水重复率却比较低。因此，南昌市城镇化质量的提升策略包括：发挥昌北经济开发区及高新技术开发区的优势，重点发展电子信息、新型材料等高新技术产业；大力加快金融、旅游、服务等现代服务业发展，建设全球商贸、旅游、金融集散中心；继续加大公共事业的投入，提高建成区绿化覆盖率，真正建设适宜于居民居住的城市环境；在工业生产过程中，使用清洁能源和原料，通过开发节能技术，尽可能开发能替代传统能源的可再生资源，减少生产过程中污染物的产生和排放；利用先进设备，对中间产品进行回收利用，从而提高能源利用效率，全面改善城镇生态环境质量。

新余，位于江西中部偏西的位置，总面积为 3178 平方公里，仅占江西省总面积的 1.9%，但是却是江西省人均 GDP 最高的城市，人均达到 7.2 万元。它是全国唯一的国家新能源科技城，号称"新能源之都"。

工业的发达创造了巨大的经济效益，但也给全市的生态环境造成了较大的破坏。因此，新余市城镇化质量的提升策略包括：第一，重点发展资源节约型、环境友好型及科技创新型相关产业，优先发展高新技术产业和战略新兴产业，积极加快改造提升传统的优势产业，鼓励企业建立循环经济和清洁生产体系。第二，对工业产业相对集中的新余来说，政府应减少对高能耗、高污染产业的税收优惠政策，对可再生资源回收利用和从事绿色生产的企业，完善税收优惠政策，给予减免税收或财政补贴的优惠政策。第三，要把改善城市环境，提升城市形象作为突破口，提高城镇化发展质量，尤其是提高工业用水重复利用率。

（2）第二等级。景德镇、萍乡、鹰潭、九江四市，相对于南昌和新余来说，虽然综合得分比较接近，但经济发展、社会发展、生态环境、居民生活质量、城乡统筹等各子系统的排名差异明显。因此，针对不同区市，应根据自身的优势和劣势，制定相应政策提升城镇化质量。

景德镇，又称"中国瓷都"，位于江西的东北部，处于安徽、江西、浙江三省的交界处，是江西与外省联系的重要交通枢纽。与其他三市相比，景德镇市本身缺乏突出的优势，各子系统发展较为均衡，综合考察发现，教育和社会保障支出偏低、基础设施建设落后是导致景德镇城镇化质量总体水平不高的原因。景德镇应依托"中国瓷都"的产业基础和品牌优势，培育陶瓷文化创意产业，把它建设成为世界瓷都和文化生态旅游城市；大力发展旅游产业，提高第三产业在国民生产总值中所占的比重，为城镇化质量提升提供经济支持；加大基础设施的建设力度，完善城乡社会保障体系，全面提升城镇化质量。

萍乡，别名"赣西明珠"，位于江西省西部，是江西的区域中心城市之一。萍乡城镇化质量各子系统发展不平衡，经济发展质量、社会发展质量和城乡统筹质量明显高于其他三市，但是生态环境质量和居民生活质量却处于落后位置。第二产业占 GDP 的比重高达 60.8%，在带来较高经济发展水平的同时，也使得生态环境质量越来越差。因此，在今后发展过程中，应发挥区域和资源的双重优势，优化产业结构，加快产业结构转型的速度，走新型工业化道路；在工业化生产过程中，减少传统资源的消耗，加大新能源的使用力度；植树造林，提高森林覆盖率和建成区绿地面积，提升生态环境质量和居民生活质量，以此来保证城镇化质量的稳步提高。

九江，位于长江和京九两大经济开发带的交叉点，拥有独特的区位优势，与南昌一起，构成江西省发展的双核城市。九江在社会发展和城乡统筹两个方面存在着劣势，因此为提升城镇化质量，应从这两方面下工夫。具体措施有：进一步发挥九江独特的地理优势，大力发展第三产业，促进现代物流业的发展；坚持"以人为本"的理念，加大居民社会保障等方面的投入力度，同时丰富居民的精神文化生活，加快社会事业建设。另外，要借赣江新区发展东风，积极融入南昌一小时经济圈，使昌九一体化发展更上台阶。

鹰潭，位于江西省东北部，有"中国铜都"之称，也是道教文化的荟萃地。比较各子系统城镇化质量，可以发现生态环境质量和城乡统筹质量是鹰潭城镇化建设过程中的薄弱环节。因此，要想提升鹰潭市的城镇化质量，应该坚持绿色生产，发展循环经济，加强重点领域的节能减排，提高生态环境质量。另外，2013年鹰潭第一、第二、第三次产业对经济增长的贡献率分别为3.6%、72.1%和24.3%，[①]农业所占比例太低，与区域协调发展不相适应。所以鹰潭应依托资源优势，发展都市型生态农业、绿色水产业等特色农业，增加农民收入，缩小城乡发展的差距。

（3）第三等级。赣州、吉安、抚州、宜春、上饶五市，除了生态城镇化质量相对较高以外，其余各子系统质量都处于后几位，且与其他区市的差距明显。

赣州，位于江西省南部，为江西省人口最多、区域面积最广的地级市。在五个子系统中，质量最好的是社会发展，最差的是经济发展、生

———————————

① 鹰潭市2013年国民经济和社会发展统计公报。

态环境。人均 GDP 低，GDP 能耗高、人均绿地面积少是城镇化质量不高的主要影响因素。因此，赣州应调整经济结构，培育新的经济增长点，促进经济的发展；优化城镇空间结构，加强交通、绿地等基础设施的建设，把赣州打造成"赣江第一城"。

吉安，位于江西省中部，是我国电子信息产业示范基地之一。近几年，随着治理投入的不断增加，城市环境质量得到显著提高，生态环境质量得分排在江西省第 4 位，但是经济发展质量、居民生活质量处于第 10 位。因此，在以后的城镇化发展过程中，吉安应加大技术的投入，发展高新技术产业，并引导产业向工业园区集中，提高经济发展质量；完善满足居民日常生活基础设施的建设，提高居民生活质量。

宜春，位于江西省西北部，文化底蕴丰厚，是"江南佳丽之地，文物昌盛之邦"。经济发展质量和居民生活质量排名最高，位于江西省第 7 位，城乡统筹质量排在江西省的最后一位。因此，要想提升城镇化质量，需要缩小城乡差距，具体措施有：加快农业现代化进程，着力发展水稻、水产等农业，提高生态农业在产业结构中的比重，逐步形成农业循环经济发展模式；促进农产品深加工，增加农民收入，缩小城乡居民收入差距，真正地提升城镇化质量。

抚州，位于江西省东部，是著名的宜业、宜游、宜居"三宜城市"。居民生活质量、生态环境质量、城乡统筹质量这三个方面，排名均处于江西省的前列，而社会发展质量排名比较靠后。因此，抚州应充分利用自身优势，增加社会保障、医疗卫生支出，加快各项社会事业建设，提高社会发展质量。应积极策应中心城市南昌市发展，打造昌抚一体化，并融入南昌一小时经济圈。

上饶，位于江西省东北部，是江西、福建、安徽、浙江四省的交界点。同抚州一样，社会发展质量相对较低。要想提升城镇化质量，上饶市应积极开发新技术，提高制造业的整体水平；加快第三产业发展，积极发展旅游、餐饮等服务性行业；加大文化教育的投入。

第7章 总结与研究展望

7.1 总 结

　　城镇化战略是我国曾经、当前乃至今后相当长的时期内的重大战略之一。城镇化的核心是人的城镇化。中华伟大复兴梦和全面建设小康社会的目标要求到 2020 年城镇化水平达到 60%，这就要重点解决"三个 1 亿人"的问题，即促进 1 亿农业人口落户于城镇，进行 1 亿人口居住的城镇棚户区和城中村改造，引导 1 亿农业人口在中西部地区就近城镇化。这些都意味着城镇化质量的提升。当前，我国发达地区东部整体板块的经济下行，西部大开发、中部崛起和东北老工业基地的振兴任务还很艰巨，都离不开城镇化这个助力的推进。欠发达地区的城镇化发展及其质量的提升还有很长的路要走。

　　未来一段时期内，我国城镇化仍将会快速提高，特别是欠发达地区。在城镇化快速推进的同时，如何解决我国城镇化进程中暴露出来的问题，确保城镇化质量，这就要加强顶层设计，进行管理创新，不断实践总结，走出一条适合城镇自身的新型城镇化道路。

　　本书研究认为，生态城镇化是欠发达地区城镇化发展和区域协调发展的必然选择。人的城镇化是欠发达地区城镇化质量的核心内容，城镇现代化和城乡均质化是欠发达地区城镇化质量的终极目标。欠发达地区城镇化质量的提升要从城镇化的发展度、协调度和持续度三个维度入手，要集中在农业现代化发展、工业产业化发展、经济全球化发展、信息高新化发展和政府服务化发展等五个方面进行不断探索和不断创新。要进行产业"智造"和城镇"智造"，打造有机结合的产城融合模式，促进欠发达地区城镇化质量的提升。

生态城镇化的关键是走具有区域特色的新型城镇化道路。欠发达地区城镇化的发展和建设要根据自身的资源禀赋来进行，要不断提升产业对城镇就业和服务的支撑水平，保障城镇化发展的持续动力，走能源结构现代化、产业高新低碳化和消费绿色生态化发展之路。要优化城镇的空间布局，统筹区域和城乡发展，促进农业人口合理有序就近进城。地方政府要以生态文明建设为导向，进行管理创新，加强规划设计，不断提高公共治理和公共服务水平。

7.2　研　究　展　望

随着经济的发展和城镇化进程中问题的不断出现，城镇化质量成为当前研究的热点问题。由于欠发达地区城镇化涉及面广，加上研究条件的不足和时间所限，本书研究尚未能涉及该领域的更多方面。今后将在以下几个方面做作一步的研究：

一是欠发达地区城镇化质量评价指标和测度模型的丰富与完善。本书研究过程中由于个别指标数据难以获得或统计困难，不得不放弃这一指标，如公共安全（事故死亡率、案件侦破率等）、民主政治参与度等指标，造成构建的指标体系仍然不够全面，期望后续研究的进一步深入。另外，随着城镇建设的发展深入，指标体系也需要不断修改与完善，测度模型也要随着研究的深入不断探索。

二是欠发达地区城镇化发展的典型案例研究。剖析典型案例，一则可以发现城镇发展中存在的具体问题，可对症提出解决方案，为具体城镇发展服务；二则可为其他城镇发展提供经验指导，扬长避短，更好地促进欠发达地区城镇化发展。本研究主要集中于区域、产业和企业层面进行研究，但未能对欠发达地区城镇化发展的典型案例进行剖析（本研究对赣江新区进行了相关研究，但它刚刚成立，城镇化发展还有较长的路要走），有待今后研究。

三是欠发达地区低碳城镇建设研究。低碳城镇建设是符合生态文明、绿色文明发展的，也适合欠发达地区城镇建设的实际。限于研究主题，本书只研究了低碳城镇建设中新能源发展与政府创新管理，城镇低碳产业、低碳生活和低碳管理等方面也是有待深入研究的领域。

四是适度城镇化研究。越来越多的数据表明，城镇化发展要速度，也要质量，更要适度。城镇化发展需要大量的发展资源，诸如人口、资金、土地、能源、科技、信息等。而资源是有一定限度的，不可能无限制发展，与城镇可利用的资源紧密联系。适度城镇化能有效解决城镇发展带来的资源紧张、环境污染等问题。发达地区与欠发达地区的城镇化都需要适度城镇化，走大中小城镇协调发展之路。这将成为今后重点的研究方向。

总之，随着城镇化和经济建设的纵深发展，欠发达地区城镇化发展及其质量等相关问题还有待于进一步的研究。

参 考 文 献

［1］ Colin Clark. The Condition of Economic Progress ［M］. London: Macmillan & Co. Ltd, 1940.

［2］ Simon Kuznets. Modern Economic Growth: Rote, Structure and Spread ［M］. New Haven: Yale University Press, 1966.

［3］ Friedman J. R. . Regional Development Policy: A Case Study of Venezuela ［M］. Cambridge: MIT Press, 1966.

［4］ Werner Hirsch. Urban Economic ［M］. Social Sciences Press, 1990.

［5］ Christaller Walter. Die Zentralen Orte in Suddeutschland (Central Places in Southern Germany) ［M］. Translated by C. W. Baskin, Englewood Cliffs, N. J. : Prentice-Hall, 1967.

［6］ King Leslie J. . Central Place Theory ［M］. Beverly Hills: SAGE Publications, 1984.

［7］ ［德］沃尔特·克里斯泰勒著, 常正文, 王兴中译. 德国南部中心地原理 ［M］. 北京: 商务印书馆, 1998.

［8］ Jean Gottman. Megalopolis, or the Urbanization of the Northeastern Seaboard ［J］. Economic Geography, 1957, 33 (3): 36 - 51.

［9］ Duncan O. D. , Scott W. R. , Lieberson S. , Duncan B. , Winsborough H. H. . Metropolis and Region ［M］. Baltimore: Johns Hopkins University Press, 1960.

［10］ Cohen Robert B. . The New International Division of Labour Multinational Corporations and Urban Hierarchy [C]. In Urbanization and Urban Planning in Capitalist Society, eds. Michael J. Dear, Allen John Scott. London: Methuen, 1981: 287 - 315.

[11] Friedmann John, Goetz Wolff. Word City Formation: An Agenda for Research and Action [J]. International Journal of Urban and Regional Research, 1982 (3): 309 - 344.

[12] Meyer David. Hong Kong as a Global Metropolis [M]. Cambridge: Cambridge University Press, 2000.

[13] Gustavo Garza. Global Economy, Metropolitan Dynamics and Urban Policies in Mexico [J]. Cities, 1999, 16 (3): 149 - 170.

[14] Edward L. Glaeser. Learning in Cities [J]. Journal of Urban Economics, 1999 (46): 254 - 277.

[15] Jorg Schonharting, Alexander Schmidt, Andre Frank, Stefanie Bremer. Towards the Multimodal Transport of People and Freight: Interconnective Networks in the Rhein-Ruhr Metropolis [J]. Journal of Transport Geography, 2003 (11): 193 - 203.

[16] Ahmad N. Abdel-Rahman, Mohammad R. Safarzadeh, Michael Bruce Bottomley. Economic Growth and Urbanization: A Cross-section and Time-series Analysis of Thirty-five Developing Countries [J]. RISEC, 2006 (3): 334 - 348.

[17] Eric J. Heikkila. Three Questions Regarding Urbanization in China [J]. Journal of Planning Education and Research, 2007 (27): 65 - 81.

[18] Daly H. , Cobb J. B. . For the Common Good [M]. Boston: Beacon Press, 1989.

[19] Liyin Shen, Yi Peng, Xiaoling Zhang, Yuzhe Wu. An Alternative Model for Evaluating Sustainable Urbanization [J]. Cities, 2012 (29): 32 - 39.

[20] Ebenezer Howard. To-morrow: A Peaceful Path to Real Reform

［M］. Swan Sonnenschein，1898.

［21］Richard Register. Eco-city Berkeley：Building Cities for a Healthy Future ［M］. Berkley：North Atlantic Books，1987.

［22］Yanitsky O.. Social Problems of Man's Environment ［J］. The City and Ecology，1987（1）：174－181.

［23］Gurin G.，Veroff L.，Feld S.. Americans View Their Mental Health ［M］. New York：Basic Books，1960.

［24］吴友仁. 关于我国社会主义城市化问题 ［J］. 城市规划，1979（5）：13－25.

［25］杨吾扬. 论城市体系 ［J］. 地理研究，1987（10）：1－8.

［26］高珮义. 世界城市化的一般规律与中国的城市化 ［J］. 中国社会科学，1990（9）：127－139.

［27］陈田. 省域城镇空间结构优化组织的理论与方法 ［J］. 城市问题，1992（1）：7－15.

［28］顾朝林. 论黄河三角洲城镇体系布局基础 ［J］. 经济地理，1992（2）：82－86.

［29］周一星. 城市地理学 ［M］. 商务印书馆，1995：99－106.

［30］陈亚军，刘晓萍. 我国城市化回顾与展望 ［J］. 管理世界，1996（6）：166－172.

［31］许学强，周一星，宁越敏. 城市地理学 ［M］. 北京：高等教育出版社，1997.

［32］姚士谋. 我国小城镇发展战略问题初探 ［J］. 城市研究，1999（3）：8－12.

［33］汤茂林. 城市可持续发展的生态原则 ［J］. 城市环境与城市生态，1999（2）：38－41.

［34］叶裕民. 中国城市化之路 ［M］. 北京：商务印书馆，2001.

［35］陆大道. 论区域的最佳结构与最佳发展—提出"点轴系统"和"T"型结构以来的回顾与再分析 ［J］. 地理学报，2001（2）：127－135.

[36] 陆大道, 姚士谋, 刘慧等. 2006 中国区域发展报告—城镇化进程及空间扩张 [M]. 北京: 商务印书馆, 2007.

[37] 胡顺延, 周明祖, 水延凯. 中国城镇化发展战略 [M]. 北京: 中共中央党校出版社, 2002.

[38] 叶连松. 中国特色城镇化 [M]. 石家庄: 河北人民出版社, 2003.

[39] 牛文元. 中国可持续发展战略报告 [M]. 北京: 科学出版社, 1999 – 2005.

[40] 连玉明. 中国城市年度报告 [M]. 北京: 中国时代经济出版社, 2005.

[41] 戴宾. 成都: 现实与未来 [M]. 成都: 西南交通大学出版社, 2006.

[42] 叶燿先. 新中国城镇化的回顾和启示 [J]. 中国人口、资源与环境, 2006 (2): 1 – 7.

[43] 刘承良, 余瑞林, 熊剑平等. 武汉都市圈经济联系的空间结构 [J]. 地理研究, 2007 (1): 197 – 209.

[44] 王青, 陈国阶. 都市城镇体系空间结构 [M]. 长江流域资源与环境, 2007 (5): 280 – 283.

[45] 马保平, 张贡生. 中国特色城镇化论纲 [M]. 北京: 经济科学出版社, 2008.

[46] 许学强, 周一星, 宁越敏. 城市地理学 (第二版) [M]. 北京: 高等教育出版社, 2010.

[47] 简新华, 黄锟. 中国城镇化水平和速度的实证分析与前景预测 [J]. 经济研究, 2010 (3): 28 – 39.

[48] 余达锦. 基于生态文明的鄱阳湖生态经济区新型城镇化发展研究 [M]. 北京: 经济科学出版社, 2011.

[49] 仇保兴. 应对机遇与挑战—中国城镇化战略研究主要问题与对策 [M]. 北京: 中国建筑工业出版社, 2009.

[50] 王红霞. 多中心化空间演变进程中的城镇体系建设—以上海为例的研究 [J]. 上海经济研究, 2009 (1): 13 - 22.

[51] 欧向军. 江苏省城市化发展格局与过程研究 [J]. 城市规划, 2009 (2): 43 - 49.

[52] 朱孔来, 李静静, 乐菲菲. 中国城镇化进程与经济增长关系的实证研究 [J]. 统计研究, 2011 (9): 80 - 87.

[53] 姚士谋, 陆大道, 王聪, 段进军, 武清华. 中国城镇化需要综合性的科学思维—探索适应中国国情的城镇化方式 [J]. 地理研究, 2011 (11): 1947 - 1955.

[54] 徐大伟, 段姗姗, 刘春燕. "三化" 同步发展的内在机制与互动关系研究—基于协同学和机制设计理论 [J]. 农业经济问题, 2012 (2): 8 - 13.

[55] 王芳, 周兴. 人口结构、城镇化与碳排放—基于跨国面板数据的实证研究 [J]. 中国人口科学, 2012 (2): 47 - 56.

[56] 李强, 陈宇琳, 刘精明. 中国城镇化 "推进模式" 研究 [J]. 中国社会科学, 2012 (7): 82 - 100.

[57] 景木南. 当前我国城镇化发展存在的问题 [J]. 经济研究参考, 2013 (66): 44.

[58] 张佳丽. 中国城镇化的差异性思考 [J]. 城市发展研究, 2013 (11): 1 - 8.

[59] 刘素冬. 对我国城镇化质量的深度思考 [J]. 苏州科技学院学报, 2006 (1): 21 - 22.

[60] 孔凡文, 许世卫. 我国城镇化发展速度分析及预测 [J]. 沈阳建筑大学学报 (社会科学版), 2006 (2): 133 - 135.

[61] 朱洪祥. 山东省城镇化质量测度研究 [J]. 城镇发展研究, 2007 (5): 37 - 44.

[62] 袁晓玲, 王霄, 何维炜等. 对城市化质量的综合评价分析—以陕西省为例 [J]. 城市发展研究, 2008 (2): 38 - 45.

[63] 刘国新. 中国特色城镇化制度变迁与制度创新研究 [D]. 东北师范大学博士学位论文, 2009.

[64] 陈栋生. 对中部地区城镇化的思考—以河南等省为例 [J]. 当代财经, 2010 (12): 93 – 95.

[65] 李明秋, 郎学彬. 城市化质量的内涵及其评价指标体系的构建 [J]. 中国软科学, 2010 (12): 182 – 186.

[66] 郑亚平. 我国省域城市化质量水平的测评 [J]. 重庆工商大学学报 (西部论坛), 2006 (12): 95 – 98.

[67] 毛爱华, 王富喜, 孙峰华. 山东省城镇化质量的地区差异测度 [J]. 鲁东大学学报, 2012 (4): 347 – 353.

[68] 张春梅, 张小林, 吴启焰等. 发达地区城镇化质量的测度及其提升政策—以江苏省为例 [J]. 经济地理, 2012 (7): 50 – 55.

[69] 刘静玉, 孙方, 杨新新等. 河南省城镇化质量的区际比较及区域差异研究 [J]. 河南大学学报, 2013 (3): 271 – 278.

[70] 宋宇宁, 韩增林. 东北老工业地区城镇化质量与规模关系的空间格局—以辽宁省为例 [J]. 经济地理, 2013 (11): 40 – 45.

[71] 杨梅. 湖北长江经济带城镇化质量研究 [J]. 长江论坛, 2012 (1): 37 – 40.

[72] 李静. 三江平原垦区城镇化过程与空间组织研究 [D]. 中国科学院研究生院硕士学位论文, 2012.

[73] 郝华勇. 基于主成分分析法的武汉城市圈城镇化质量实证研究 [J]. 武汉科技大学学报, 2012 (3): 291 – 294.

[74] 闫能能. 中部六省城镇化进程比较研究—基于建设河南省新型城镇化的思考 [D]. 郑州大学硕士学位论文, 2012.

[75] 黄磊, 朱洪兴, 杨叶. 中原经济区新型城镇化质量综合水平研究 [J]. 资源开发与市场, 2014 (1): 80 – 84.

[76] 邵俊, 周均清. "两型社会" 背景下武汉城市圈城镇化质量评析 [J]. 华中建筑, 2014 (1): 103 – 106.

［77］韩增林，刘天宝．中国地级以上城市城市化质量特征及空间差异［J］．地理研究，2009（6）：1508－1515.

［78］王家庭，唐袁．我国城市化质量测度的实证研究［J］．财经问题研究，2009（12）：127－132.

［79］于涛，张京祥，罗小龙．我国东部发达地区县级市城市化质量研究—以江苏省常熟市为例［J］．城市发展研究，2010（11）：7－12.

［80］胡映洁．中国过度城镇化的空间分布研究［C］．转型与重构—2011 中国城市规划年会论文集，2011（9）：312－322.

［81］方创琳，王德利．中国城市化发展质量的综合测度与提升路径［J］．地理研究，2011（11）：1931－1946.

［82］陈明，张云峰．城镇化发展质量的评价指标体系研究［J］．中国名城，2013（2）：16－23.

［83］魏后凯，王业强，苏红键等．中国城镇化质量综合评价报告［J］．经济研究参考，2013（31）：3－32.

［84］何平，倪苹．中国城镇化质量研究［J］．统计研究，2013（6）：11－18.

［85］张绍红，王雷雷，阎东彬．国外城镇化发展模式及对中国的借鉴与启示［J］．世界农业，2014（2）：118－121.

［86］孙祁祥．以社会公平的保障体系为新型城镇化保驾护航［C］．建立社会公平保障体系与经济社会发展—北大赛瑟（CCISSR）论坛文集·2013，2013.

［87］管清友．城镇化是实现中国梦的重要基础［EB/OL］．http：//politics. people. com. cn/n/2013/0525/c1001－21613840. html

［88］王忠武．城乡一体化不是城乡均质化［N］．大众日报，2013－05－26.

［89］张启祥．着力城乡一体化，力争长三角地区均质化发展［J］．中国城市经济，2009（2）：48－51.

［90］陆立军．区域经济发展与欠发达地区现代化［M］．北京：中

国经济出版社，2002.

[91] 林勇，张宗益，杨先斌. 欠发达地区类型界定及其指标体系应用分析 [J]. 重庆大学学报（自然科学版），2007（12）：119 – 125.

[92] 冯艳芬，曹学宝，夏丽华等. 广东省欠发达地区的界定及其特征分析 [J]. 广州大学学报（自然科学版），2004（1）：46 – 50.

[93] 孔凡文，许世卫. 我国城镇化与工业化发展关系分析与判断 [J]. 调研世界，2006（7）：45 – 47.

[94] 江西省新型城镇化规划（2014 – 2020 年）[N]. 江西日报，2014 – 07 – 15.

[95] 广西壮族自治区新型城镇化规划（2014 – 2020 年）[N]. 广西日报，2014 – 08 – 10.

[96] 熊德平. 农村金融与农村经济协调发展研究 [M]. 北京：社会科学文献出版社，2009.

[97] 马海涛，姜爱华，程岚等. 中国基本公共服务均等化问题研究 [M]. 北京：经济科学出版社，2011.

[98] 国家新型城镇化规划（2014 – 2020 年）[N]. 人民日报，2014 – 03 – 17.

[99] 孔凡文，许世卫. 中国城镇化发展速度与质量问题研究 [M]. 沈阳：东北大学出版社，2006.

[100] 中国社会科学院《城镇化质量评估与提升路径研究》创新项目组. 中国城镇化质量综合评价报告 [J]. 经济研究参考，2013（31）：3 – 32.

[101] 简新华，罗钜钧，黄锟. 中国城镇化的质量问题和健康发展 [J]. 当代财经，2013（9）：5 – 16.

[102] 陆大道，姚士谋，刘慧. 2006 中国区域发展报告—城镇化进程及空间扩张 [M]. 北京：商务印书馆，2007.

[103] 孙宏才，田平，王莲芬. 网络层次分析法与决策科学 [M]. 北京：国防工业出版社，2011.

［104］杨晓英，李纪华，田壮等．城镇化进程中的农民生活用水研究［J］．长江流域资源与环境，2013（7）：880 – 886.

［105］卢纹岱．SPSS for Windows 统计分析（第三版）［M］．北京：电子工业出版社，2008.

［106］［美］阿尔文·托夫勒．权力的转移［M］．北京：中信出版社，2006.

［107］王浣尘．信息距离与信息［M］．北京：科学出版社，2006.

［108］余达锦．基于 DIT 理论的电子商务网站人本化测度模型研究［J］．统计与信息论坛，2009（5）：27 – 31.

［109］Dajin Yu. Research on the Measurement of Regional Central Cities Distance of Information-state Transition-A Case of Poyang Lake Eco-economic Zone ［C］. Proceedings of International Conference on Logistics Systems and Intelligent Management，HIT Press，2010，1：1737 – 1740.

［110］闫卫阳，秦耀辰，郭庆胜等．城市断裂点理论的验证、扩展及应用［J］．人文地理，2004（2）：12 – 16.

［111］曹瑞臣．英国城镇化的前世与今生［J］．城市管理与科技，2015（1）：80 – 83.

［112］叶齐茂．借鉴德国经验思考城镇化进程［J］．武汉建设，2009（11）：28 – 29

［113］王鹏．德国城镇化建设的经验［J］．行政管理改革，2013（4）：41 – 44.

［114］周彦珍，李杨．英国、法国、德国城镇化发展模式［J］．世界农业，2013（12）：122 – 126.

［115］周干峙，邹德慈．中国特色新型城镇化发展战略研究（第一卷）［M］．北京：中国建筑工业出版社，2013.

［116］王海燕．美国城镇化发展的特点和启示［J］．经济研究参考，2013（10）：5 – 10.

［117］肖万春．美国城镇化发展启示录［J］．城乡建设，2003

（5）：56 –57.

［118］严圣禾. 日本城镇化建设可圈可点［N］. 光明日报（国际新闻），2013 –01 –26.

［119］蓝庆新，张秋阳. 日本城镇化发展经验对我国的启示［J］. 城市，2013（8）：34 –37.

［120］蓝庆新，田尧舜. 发达国家城镇化经验及对我国的启示［J］. 现代产业经济，2013（11）：66 –72.

［121］南宁市人民政府. 2015 南宁市政府工作报告［N］. 南宁日报，2015 –02 –09.

［122］防城港市人民政府. 2015 防城港市政府工作报告［EB/OL］. http：//www. fcgs. gov. cn/Info/ggxx/18931. aspx.

［123］国家发展和改革委员会. 珠江三角洲地区改革发展规划纲要（2008 –2020 年）［R］. 2008，12.

［124］长江三角洲城市群［EB/OL］. 百度百科，http：//www. baike. com/wiki/长江三角洲城市群.

［125］曾勇，徐长乐. 长江三角洲城市群协调发展重点区域研究［EB/OL］. http：//mil. eastday. com/epublish/gb/paper425/1/class042500003/hwz924916. htm.

［126］倪鹏飞. 中国城市竞争力报告 No. 12：沪苏浙皖：一个世界超级经济区已经浮现［M］. 北京：社会科学文献出版社，2014.

［127］徐匡迪. 中国特色新型城镇化发展战略研究（综合卷）［M］. 北京：中国建筑工业出版社，2013.

［128］欧阳新年. 产业集约化发展及其关联要素分析［J］. 北京市经济管理干部学院学报，2010（3）：17 –20.

［129］干春晖，郑若谷，余典范. 中国产业结构变迁对经济增长和波动的影响［J］. 经济研究，2011（5）：4 –16，31.

［130］陈志峰，刘荣章，郑百龙等. 工业化、城镇化和农业现代化"三化同步"发展的内在机制和相互关系研究［J］. 农业现代化研究，

2012 (2)：155 – 160.

[131] 夏春萍. 工业化、城镇化与农业现代化的互动关系研究 [J]. 统计与决策, 2010 (10)：125 – 127.

[132] 简新华. 资金保障关乎城镇化成败 [N]. 中国社会科学报, 2014 – 01 – 03.

[133] 毛其淋. 经济开放、城市化水平与城乡收入差距——基于中国省际面板数据的经验研究 [J]. 浙江社会科学, 2011 (1)：11 – 22.

[134] 林婧. 信息化助推新型城镇化 [N]. 人民邮电报, 2012 – 12 – 12.

[135] 侯玉兰. 论建设服务型政府：内涵及意义 [J]. 理论前沿, 2003 (23)：16 – 17.

[136] 焦志勇. 城镇化与政府治理创新 [J]. 前线, 2014 (4)：108 – 109.

[137] 俞可平. 科学发展观与生态文明 [J]. 马克思主义与现实, 2005 (4)：4 – 5.

[138] 杨建翠. 民族地区旅游推动城镇化发展研究——九寨沟县旅游城镇形成机制分析 [J]. 西南民族大学学报 (人文社会科学版), 2012 (4)：137 – 140.

[139] 王兆峰, 余含. 张家界旅游产业发展与小城镇建设耦合发展研究 [J]. 经济地理, 2012 (7)：165 – 171.

[140] 高楠, 马耀峰, 李天顺等. 基于耦合模型的旅游产业与城市化协调发展研究——以西安市为例 [J]. 旅游学刊, 2013 (1)：62 – 68.

[141] 张英, 陈俊合, 熊焰. 旅游发展与城镇建设耦合协调研究——以黔东南苗族侗族自治州为例 [J]. 贵州民族研究, 2013 (5)：155 – 158.

[142] Mullins P.. Tourism Urbanization [J]. International Journal of Urban and Regional Research, 1991 (3)：326 – 342.

[143] 李柏文. 国内外城镇旅游研究综述 [J]. 旅游学刊, 2010 (6)：88 – 95.

[144] 詹新惠，马耀峰，高楠等．区域旅游业与城市化耦合协调度的时空分异研究—以陕西省为例 [J]．陕西师范大学学报（自然科学版），2014（2）：82-87．

[145] 余凤龙，黄震方，黄芳东，吴丽敏，陶玉国．中国的城镇化进程对旅游经济发展的影响 [J]．自然资源学报，2014（8）：1297-1309．

[146] 钟家雨，柳思维，熊曦．旅游业与城镇化协同发展的区域差异分析 [J]．经济地理，2014（2）：189-194．

[147] Grossman G. M.，Krueger A. B.．Economic Growth and the Environment [J]．Quarterly Journal of Economics，1995（2）：353-377．

[148] 崔凤军，刘家明．旅游环境承载力理论及其实践意义 [J]．地理科学进展，1998（1）：86-90．

[149] York R.，Rosa E. A.，et al. STIRPAT，IPAT and ImPACT：Analytic Tools for Unpacking the Driving Forces of Environmental Impacts [J]．Ecological Economics，2003（46）：351-365．

[150] 刘耀彬．江西省城市化与生态环境关系的动态计量分析 [J]．资源科学，2008（6）：829-836．

[151] 黄金川，方创琳，冯仁国．三峡库区城市化与生态环境耦合关系定量辨识 [J]．长江流域资源与环境，2004（2）：153-158．

[152] 张云峰，陈洪全．江苏沿海城镇化与生态环境协调发展量化分析 [J]．中国人口、资源与环境，2011（S1）：113-116．

[153] 杨晶，金晶，吴泗宗．珠三角地区城市化与生态环境协调发展的动态耦合分析—以珠海市为例 [J]．地域研究与开发，2013（5）：105-108．

[154] 刘定惠，杨永春．区域经济—旅游—生态环境耦合协调度研究—以安徽省为例 [J]．长江流域资源与环境，2011（7）：892-896．

[155] 崔峰．上海市旅游经济与生态环境协调发展度研究 [J]．中国人口、资源与环境，2008（5）：64-69．

[156] 张燕，徐建华，曾刚等．旅游—经济—生态系统可持续协调

发展评价模型构建与实证研究—以广西桂林为例 [J]. 旅游科学, 2008 (3): 31 - 35.

[157] 王辉, 姜斌. 沿海城市生态环境与旅游经济协调发展定量研究 [J]. 干旱区资源与环境, 2006 (5): 115 - 119.

[158] 廖重斌. 环境与经济协调发展的定量评判及其分类体系—以珠江三角洲城市群为例 [J]. 热带地理, 1999 (2): 76 - 82.

[159] 周艳时. 乌鲁木齐城市发展与环境关系研究 [D]. 中国科学院新疆生态与地理研究所硕士学位论文, 2005.

[160] 刘承良, 熊剑平, 龚晓琴等. 武汉城市圈经济—社会—资源—环境协调发展性评价 [J]. 经济地理, 2009 (10): 1650 - 1654.

[161] 范丽. 相关利益主体视角下的森林生态旅游管理研究 [D]. 北京林业大学硕士学位论文, 2010.

[162] 薄茜. 博弈视角下的乡村旅游利益相关者研究 [D]. 沈阳师范大学硕士学位论文, 2012.

[163] Friedman D.. Evolutionary Games in Economics [J]. Econometrica, 1991 (3): 637 - 666.

[164] 辛章平, 张银太. 低碳经济与低碳城市 [J]. 城市发展研究, 2008 (4): 98 - 102

[165] 戴亦欣. 中国低碳城市发展的必要性和治理模式分析 [J]. 中国人口、资源与环境, 2009 (3): 12 - 17.

[166] 刘文玲, 王灿. 低碳城市发展实践与发展模式 [J]. 中国人口、资源与环境, 2010 (4): 17 - 22.

[167] 杨国锐. 低碳城市发展路径与制度创新 [J]. 城市问题, 2010 (7): 44 - 48.

[168] 侯景新, 郭志远. 低碳城市建设的对策研究 [J]. 生态经济, 2011 (3): 49 - 54.

[169] 郑瑞. 低碳理念与低碳城市建设 [J]. 生态经济, 2011 (10): 59 - 61.

[170] 刘志林, 戴亦欣, 董长贵, 齐晔. 低碳城市理念与国际经验 [J]. 城市发展研究, 2009 (6): 1-7.

[171] 李超骕, 马振邦, 郑憩等. 中外低碳城市建设案例比较研究 [J]. 城市发展研究, 2011 (1): 31-35.

[172] 吴琦, 范隆云. 我国低碳城市建设的动力机制、难点和路径 [J]. 城市发展研究, 2012 (4): 17-21.

[173] 路超君, 秦耀辰, 罗宏等. 中国低碳城市发展影响因素分析 [J]. 中国人口、资源与环境, 2012 (6): 57-62.

[174] 李凡, 马万里. 基于财政分权视角的低碳城市建设研究 [J]. 华东经济管理, 2013 (5): 88-92.

[175] 章立东. 低碳城市建设的困境与对策 [J]. 企业经济, 2013 (2): 20-22.

[176] 低碳城市 [EB/OL]. 百度百科, http://baike.baidu.com.

[177] 冯之浚, 牛文元. 低碳经济与科学发展 [J]. 中国软科学, 2009 (8): 13-19.

[178] Peter M. Senge. The Fifth Discipline [M]. Century Business, 1998.

[179] 朱虹. 欠发达地区城镇化路径探索—以江西为样本 [J]. 江西社会科学, 2012 (9): 5-9.

[180] 姚士谋, 汤茂林. 区域与城市发展论 [M]. 安徽: 中国科学技术大学出版社, 2004.

[181] 萨缪尔森, 诺德豪斯. 经济学 (第十六版) [M]. 北京: 华夏出版社, 1999.

[182] Pacala S., Socolow R.. Stabilization Wedges: Solving the Climate Problem for the Next 50 Years with Current Technologies [J]. Science, 2004 (305): 968-972.

[183] 赵福山, 李杰. 科学发展观与绿色 GDP [J]. 理论探讨, 2007 (2): 83-84.

［184］黄锡生，张雪. 建设资源节约型环境友好型社会中政府行为的规制研究［J］. 重庆大学学报（社会科学版），2007（1）：91 –96.

［185］黄莉新. 依靠内涵式发展提高城镇化质量［J］. 唯实（现代管理），2013（8）：22.

［186］中国城市科学研究会. 中国低碳生态城市发展战略［M］. 北京：中国城市出版社，2009.

［187］中科院可持续发展战略研究组. 1999 –2015 历年中国可持续发展战略报告［M］. 北京：科学出版社，1999 –2015.

［188］中国现代化战略研究课题组，中科院中国现代化研究中心. 2001 –2015 历年中国现代化报告［M］. 北京：北京大学出版社，2001 –2015.

［189］中国新型城市化报告研究编纂委员会. 2009 –2015 历年中国新型城市化报告［M］. 北京：科学出版社，2009 –2015.

［190］文魁，祝尔娟等. 2012 –2015 历年京津冀发展报告［M］. 北京：社会科学文献出版社，2012 –2015.